学名家的 医术人生

杜晓林　杨广杰 主编

山东城市出版传媒集团·济南出版社

图书在版编目（CIP）数据

医学名家的医术人生 / 杜晓林, 杨广杰主编. —济
南：济南出版社, 2023.9
ISBN 978-7-5488-5465-4

Ⅰ. ①医… Ⅱ. ①杜… ②杨… Ⅲ. ①医生—列传—
世界 Ⅳ. ①K816.2

中国国家版本馆CIP数据核字（2023）第005027号

医学名家的医术人生　　YIXUE MINGJIA DE YISHU RENSHENG

杜晓林　杨广杰 / 主编

出 版 人	田俊林
责任编辑	侯建辉
装帧设计	曹晶晶

出版发行	济南出版社
地　　址	济南市市中区二环南路 1 号（250002）
总 编 室	（0531）86131715
印　　刷	天津画中画印刷有限公司
版　　次	2023年9月第1版
印　　次	2023年9月第1次印刷
成品尺寸	170 mm × 240 mm　16开
印　　张	15.5
字　　数	207千字
定　　价	58.00元

（如有印装质量问题，请与出版社出版部联系调换，联系电话：0531-86131716）

《医学名家的医术人生》编委名单

前　言

习近平总书记曾在卫生界、教育界的政协会议上指出："要全面贯彻党的教育方针，坚持社会主义办学方向，坚持教育公益性原则，着力构建优质均衡的基本公共教育服务体系，建设高质量教育体系，办好人民满意的教育，培养德智体美劳全面发展的社会主义建设者和接班人。"亿万人民的健康离不开医术精湛、数量充足的医务人员，而医学院校又是所有医务人员成长的摇篮。千钧重任敦促着医学院校的工作人员为了国家与民族的未来发展，夙兴夜寐，宵衣旰食，将临床医学教育做大做好。

新中国成立以来，山东省高校临床医学教育不断发展，孕育出以谢立信、张运、于金明、陈子江院士等为代表的一大批优秀医学人才。根据《加快山东医学教育创新发展的实施意见》要求，山东省将继续加大临床医学人才培养力度，加强高水平医学学科建设，鼓励高校增设一批具有山东特色的新型专业，将临床医学教育推向更快的发展轨道。

师者，所以传道授业解惑也，医学领域尤其注重师道的传承。

一名年轻医生要经历一番清寒彻骨的积累，千淘万漉的奋斗，矢志不渝的追逐，同时加上恩师的倾心提点，才能识得医学真面目，才能有所成长，其中的艰难困苦，实难为外人道也。编写《医学名家的医术人生》一方面是为了锻炼医学后辈，另一方面是想通过这个过程，将医学名家的求学过程、人生经历记录下来，回顾往昔，更励前程，将医道的故事不断讲述下去。

性命所托，健康所系，文中的这些知名医家，在各自的工作地区都深得患者的信任，在施展仁心妙手的同时，也播撒了医学的种子，激励后来的人们向着大医精诚的目标不断努力。吾道不孤，薪火传承，年轻的医学院学子忙碌在门诊、病房里的身影，就像一颗颗黎明苍穹上的星星，发光发热，终究会变得像太阳一样，照亮一方方水土，温暖一批批病人。

编者

目　录

四心合一，汇聚医路征程

——国家中医药传承与创新"千百万"人才工程岐黄学者，山东中医药大学第二附属医院党委书记、院长徐云生

专家介绍

徐云生，医学博士、博士后，主任医师，二级教授，博士研究生导师，博士后合作导师，研究方向为中医药治疗内分泌疾病。国家中医药传承与创新"千百万"人才工程岐黄学者，"泰山学者"特聘专家，山东省"中医药杰出贡献奖"获得者，山东省有突出贡献中青年专家，山东省名中医药专家。

现任山东中医药大学第二附属医院党委书记、院长，山东省中医药重点专科内分泌科学术带头人，齐鲁中医药优势专科集群内分泌专业负责人及学术带头人。兼任中国民族医药学会慢病管理分会长、中国中医药研究促进会内分泌学分会副会长、中国中西医结合学会

内分泌专业委员会常务委员、中国老年医学学会中医药分会副会长、山东中医药学会糖尿病专业委员会主任委员、山东省中西医结合学会糖尿病专业委员会副主任委员等。

从事中西医结合防治内分泌系统疾病基础与临床研究三十余年，率先提出以"肝脾肾"为轴心的新的糖尿病及其并发症防治理论体系，包括化痰活血法改善胰岛素抵抗、健脾调肝和化痰活血法干预糖尿病前期、补肾活血法防治糖尿病微血管病变等，注重继承创新，突出中医药特色、中西医结合治疗糖尿病及慢性并发症，形成了独特的学术观点。此外，依托国家重点研发计划、山东省泰山学者岗位特聘专家建设项目、山东省中医药数据中心建设项目、山东省重点研发计划，进行了糖尿病筛查、预防、治疗、管理综合信息平台开发与建设，并依托平台开展了以早期宣传与科普、健康档案建立、健康风险评估、中西医结合健康干预、健康状态监测为核心环节的中西医结合糖尿病健康管理事业。

参加研究工作以来，主持和参加国家自然基金、支撑计划等国家级及省级科研课题近20项；以首位研究者获山东省科技进步一等奖、二等奖、三等奖各1项，中国中西医结合学会科技进步二等奖1项，中华中医药学会科技进步二等奖1项，世界中医药联合会国际科技进步二等奖1项，山东中医药科学技术一等奖、二等奖各1项；以第二位研究者获山东省科技进步二等奖、三等奖各1项。发表或参与SCI源刊及中文核心期刊论文100余篇，出版或参与撰写学术著作9部。指导山东省优秀博士、学士学位论文2项。每年开设学术讲座、学术报告，多次赴国内外讲学，指导博士、硕士研究生百余名。

秋日的济南，在晴朗的日子里，天是高而蓝的，也有轻飘飘的云。然而若碰到秋雨，就会有些湿冷，并不厚实的衣服，淋上雨水，也不太保暖。2019 年 9 月的第一个周三，恰巧是这样的天气。而这种看上去并不舒服的天气，却丝毫没有影响患者前来就诊的脚步。在医院正式上班前 1 个小时，走廊的候诊区就已经有十余位患者，而他们的病历，也整整齐齐地摆放在徐云生教授的诊桌上。

■ 以精谨之心，助力医院实力显著提升

早晨 7 点 30 分，徐云生照例提前半小时来到了医院，这让他的学生们有些意外，毕竟前一天他还忙碌到很晚。候诊的患者看到他后，纷纷问好。徐云生也向他们轻轻点头示意，一边拂去身上的水珠，一边微笑着细细询问病情，开始遣方用药，迅速进入工作状态。

在岐黄学者、泰山学者特聘专家、山东省名中医药专家徐云生的工作中，这种忙碌已经成为常态。在学生们的眼中，徐云生面对繁杂工作时，从来都是从容而严谨。日常门诊中，无论有多少其他事务干扰，徐云生从不会轻慢任何一位患者。"空腹血糖控制得怎么样？餐后血糖升高的幅度如何？有没有口干口渴、乏力的情况？舌相再让我看一下。"从中医望闻问切，到西医实验室检查和体格检查，徐云生都要毫无遗漏地询问一遍，才会为患者开处方。

"辨证和疗效是中医的灵魂，只有辨证准确，才能准确用药，从而保证疗效。辨证不准确，人参可能成毒药；辨证准确，砒霜也是良药。"徐云生经常这样跟学生和患者们说，"现代人由于环境和生活方式的改变，体质发生了很大变化。因此疾病的辨证论治也不能刻板地完全按照原来的方法。举个例子来说，目前的糖尿病患者，肥胖、湿热者非常多。如果还是刻板地按照教科书上的内容，坚持以滋阴清热的方法为主进行论治，最终结果只会使病情越来越重。"

经过 30 多年的临床实践，正是这种精益求精的工匠精神，成就了徐云生在内分泌系统疾病，尤其是糖尿病及其并发症辨治方面独特而严

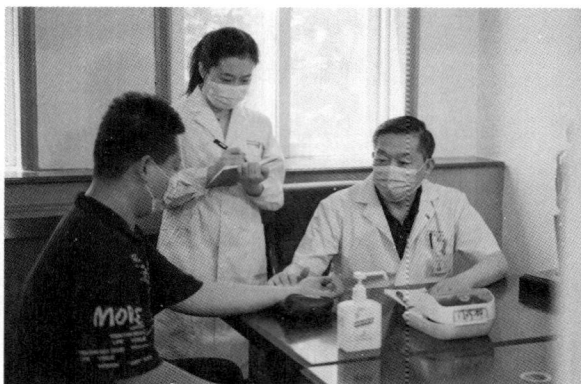

谨的学术思想和临床特色。

而徐云生的工匠精神，除了体现在对患者的"辨证施治"方面，更体现在对医院管理水平和综合实力提升的"辨证施策"上。任职以来，徐云生十分注重对医院战略目标的细化分解与优化落实，量身打造和设计了考核指标体系，并根据结果对各科室进行激励。在精细化的绩效管理和质量控制下，医院临床工作效率极大提升，2019年，医院业务收入同比增长10%，手术台次同比增长6%，中草药收入同比增长3%，中医适宜技术收入同比增长3%。平台建设更是硕果累累：国家中医药传承创新工程建设项目、山东省中医药数据中心建设项目、山东省专科专病诊疗中心项目（已加挂"山东中医药大学第二附属医院康复医院"牌子）、全国心血管疾病介入培训基地、山东省复杂冠脉介入中心、济南市房颤救治联盟盟主单位相继落户其所在医院。其中，除已经完成验收的项目外，国家中医药传承创新工程建设正高效有序实施，房颤中心项目收治的房颤患者，也由过去每年十几例发展到现在每年一百余例。而中医特色技术诊疗中心、中医经典病房、远程会诊中心、中美国际医疗服务中心也在稳步筹建的过程中。山东省重点项目"中西医结合老年医学中心"建设也在积极推进。

以仁爱之心，垂范医疗服务持续优化

徐云生与中医的缘分，却远远不止30年。

"从小我就有中医中药情结。" 徐云生在一次专访中提到，"家乡的人普遍相信中医。小时候体弱多病，父母也常常会带我去看中医。小学时得了黄疸性肝炎，妈妈带我找当地老中医开了9服中药就治好了。当时我哭闹着嫌味儿苦，喝完药妈妈就奖给我两粒红糖疙瘩。"

病愈后轻松的身体、母亲奖励的红糖疙瘩和那位老中医，就此成为徐云生儿时难忘的记忆。也正是这些记忆，让他对中医产生了浓厚的兴趣。高考时，他成功考取山东中医药大学中医系，后来又读了硕士、博士，做博士后，再到参加工作至今，一晃就是30年。

如今，徐云生治愈的患者也已经遍布全国各地。一位60多岁的外地糖尿病患者，由于患病多年，出现了严重的糖尿病并发症——周围神经病变，表现为四肢疼痛麻木，轻轻碰一下就会产生难以忍受的剧痛，晚上也常常因为疼痛难忍而无法入睡。如果不加以合理治疗，就会发生坏死感染，也就是常说的"糖尿病足""足部坏疽"，而这些又是糖尿病患者截肢、致残的主要原因。这位患者前来就诊时，相关的西药几乎用了个遍，却一直没有好转，如果再得不到好的治疗，疼痛事小，病变的下肢难保才是最令人担忧的。徐云生以益气活血、化瘀通络为治则，以经验方剂"糖络通"为底方，开出了7剂中药，病人吃完3剂后便感受到效果，7剂后疼痛感缓解，随后又持续吃了1个月，这名病人的症状几乎完全消失，相关检查指标也恢复了正常。

在遣方用药进行治疗的同时，如果遇到脾气比较急躁，或者对治疗有些抗拒的患者，徐云生会耐心地对他们进行心理疏导和教育，并叮嘱患者要注重饮食疗法和运动干预："糖尿病发生发展，在一定程度上是不良的生活方式使然，要'管住嘴，迈开腿'，才能越来越好。""你现在的目标，就是每天要坚持走1万步，吃八成饱，下次来门诊时，我要检查！"

"用中医和西医最好的方法，给予患者最优质的治疗、服务和关怀。"徐云生常常这样说。也正是这种认真负责的态度，带动了医院医疗服务质量的显著提升。自药品全部实行零差率销售以来，徐云生与医院领导、职能部门一道，深化机制改革，创新服务模式，利用医改进入新阶段的契机，落细落小抓好一卡通、电子病历、微信平台、远程会诊等医疗服务信息化工作，并抓稳抓实与医保、新农合等管理部门的端口对接工作，最终打造了一站式服务平台，提高了患者就医效率，提升了医疗服务质量。此外，根据患者就医流程，优化就医程序，减少中间环节，实现患者"初次就诊不迷路，二次就诊不操心，多次就诊全放心"的高水平服务升级，达到患者少跑路、检查少重复、诊断更精准的医疗目的。

▌以慈爱之心，带动人才培养扎实推进

徐云生经常用孙思邈《大医精诚》中"凡大医治病，必当安神定志，无欲无求，先发大慈恻隐之心，誓愿普救含灵之苦。若有疾厄来求救者，不得问其贵贱贫富……皆如至亲之想"来教育他的学生们。"作为医生，首先要善良，有慈悲心和责任心，要精研学业，视患者如亲人，以最高的医术，最低的费用，给患者解决问题。这是一名医生最起码的素养，你们都要培养这样的素养。"

由于患者较多，常常要持续到下午才能看完所有患者，他一定要坚持看完最后一个才结束门诊。作为院长，平时少有时间指导学生，他经常不顾疲惫，利用下诊后的时间指导学生。有一次，看完最后一个患者已经下午1点30分了，回到办公室，徐云生没有先吃饭，而是从一摞大大小小的书和文件中找出了几份材料。那是几天前报送给他的关于泰山学者岗位研究工作的材料，里面是一个个晦涩的表格和一篇篇英文文章。学生接过材料打开时，很是吃惊。原来这些工作老师都没有搁置，而是在忙碌的工作之余，第一时间就进行了翻阅和批注。从研究设计到语法错误，甚至标点符号的运用，老师都做了订正。

截至目前，徐云生已指导博士、硕士研究生百余名。每逢教师节，徐云生都会收到很多学生的祝福。每每此时，他脸上总是一副欣慰的表情。已经毕业的学生，有的会在这一天专程带着鲜花来看望他。徐云生看到后往往说："现在成束的鲜花不便宜，你们年轻，不要破费，跟我说说你们的近况就很好。你们现在最重要的是要把业务搞好，看好病，做好科研，把学到的知识用起来。"

"在老师身边受教多年，学问上受教启，实事上得锻炼。老师就像一位慈祥的长辈，适时给予我们鼓励和指引。"这是学生们的心声，也是徐云生细心育人、言传身教、在中医传承的路上默默耕耘的最好证明。

除了扎实做好自身的教学任务之外，作为山东中医药大学医学院院长的徐云生，在学院管理上，始终牢记学校"立德树人"的根本任务，以"抓铁有痕、踏石留印"的工作态度，推进教育教学工作的稳步提升。2019年，医学院积极推进社区卫生服务站教学实践基地的建设工作，

建立了全省首家社区国家名老中医传承工作室；选派的教学查房团队，在代表山东省参加的全国中医住院医师规培教学查房竞赛中，荣获三等奖。作为医院院长的徐云生，同样重视人才的培养。2019年，医院先后选派多名中青年骨干赴英国、日本、以色列进修学习，并资助多名学科骨干参加了美国哈佛医学院临床学者科研培训项目；在引进高层次人才的同时，年内有5名中青年骨干入选山东省泰山学者青年专家、全国中医药创新骨干人才、全国中医临床特色技术传承骨干人才、全国西学中骨干人才等省部级甚至国家级人才项目。这些成果与顶层设计密不可分，从实施"学科带头人引进与培养办法""中青年骨干培养办法"到定期对管理及医护人员进行培训；从临床科室主任的选派进修到重点专业领域人才培养培训，无不体现着医院在人才队伍建设过程中的顶层设计和良苦用心。

以务实之心，聚焦关键领域科技进步

虽然行政和临床工作繁忙，但徐云生科研探索的脚步从未停下。他主持和参加国家自然科学基金、国家重点研发计划等国家和省级科研课题近20项，以首位研究者获多项国家及省部级奖励，发表SCI源刊及中文核心期刊论文100余篇，撰写学术著作9部，可谓硕果累累。

尽管如此，他仍会抽出时间，主持研究团队每两周1次的例会，推进团队的整体研究工作。

"作为已经立项的国家自然基金项目的实验研究，我们的研究设计务必要经得起推敲。我们的组方证候上明确疗效是可以看见的，那么下一步就要在指标上下功夫，在机制上出文章。"

"这篇网络药理学的文章，方法还是比较新的。但是英文的语法要再斟酌一下，而且疾病的靶点和中药的靶点最好可以取交集而不是并集，不然审稿人在审稿的过程中就会存在疑问。而且我们的目标是国际上的高水平期刊，只有网络药理学是不够的，可以考虑和我们的动物实验或者细胞实验的数据相互结合。"

"糖尿病综合管理信息系统的构建，不能仅仅面向医生，更要面向患者。咱们现在系统构建的字段有些复杂，患者在使用时一定会产生不良的体验，这样我们系统的疗效就难以保障。作为一项省部级的应用研究课题，我们一定要注重成果应用的效果。什么是效果？就是率。通过健康管理系统的应用，促成糖尿病知晓率、控制率等指标数据的提高，以及并发症发病率等指标数据的降低，是最实打实的效果。我们的模式是很细致的模式，一定能达到这种效果。"徐云生如是说。

累累硕果的背后，不仅是独到精准的学术视野和锲而不舍的学术耕耘，更是一名医生和科研工作者的信念与追求。

《黄帝内经》里有一句传承至今的名言——"上医治未病"。"明者远见于未萌，而智者避危于无形"，徐云生教授作为山东省治未病质控中心主任，主持制定了山东省治未病质量控制中心建设指南、考核标准细则及考核评分表，切实提升了中医治未病工作的标准化与规范化。徐云生教授在中医临床诊治过程中一直遵循"未病先防"理念，在糖尿病预防中引入中医"治未病"思想，可以最大程度减少糖尿病的发病率、致残率和死亡率，给糖尿病易感人群带来福音；在此基础上，进一步构建基于"治未病"理念的糖尿病干预体系及智慧平台，广泛用于糖尿病患者的规范管理，提升糖尿病整体防控水平。基于"治未病"理念的糖尿病干预体系及智慧平台构建与应用获山东省科技进步奖一等奖，基于智慧平台的糖尿病精准干预特色理论及关键技术研究获中医药国际贡献奖——科技进步奖二等奖。

诚然，科研是医院发展的重要推动力。科技成果的质量和水平，也是衡量一所现代化医院医疗和学术水平高低的重要指标。作为山东中医药大学的附属医院，也是省内唯一一家省属中西医结合医院的领

军人物，徐云生在做好自身科研工作的同时，更加注重医院整体科研实力的提升。随着医院科研激励机制的不断完善，2019年，医院先后获批中华中医药学会科学技术奖二等奖1项，中国针灸学会科学技术三等奖1项，提前实现了"十三五"规划期内，省科技进步奖、中华中医药学会奖、中国中西医结合学会奖和中国针灸学会奖的全覆盖。成果奖励的背后，是扎实的研究工作。2019年，医院积极组织科研项目的申报工作，年内共申报各级各类科研项目116项，其中立项57项，立项率达到了49.14%。已经立项的项目既涵盖了国家自然科学基金、省自然科学基金、省重点研发计划等国家级、省部级科研课题，又涵盖了省医药卫生发展计划、省中医药科技发展计划等厅局级科研课题，立项层次和结构合理。医务人员有的致力于研发关键技术，有的致力于探讨机理，在促进本科室、本专业科研水平提升的同时，更助力了医院的科技进步。

早在"十三五"规划之前，山东省委省政府就提出了"建成全国一流的中西医结合医院"的医院建设目标，建设一流学科和高水平大学，也一直是山东中医药大学的一项重大任务。在这样的政策背景下，徐云生时时刻刻将实现"一流梦"放在心中，那就是在"中西医结合、特色发展"的思想指导下，将医院建设成为集医疗、教学、科研、预防、保健、康复于一体的国内知名的现代化中西医结合医院，并力争用三年的时间实现医院规模、服务总量、业务收入等主要指标的跨越发展。为此，他提出了"四个院区"（中心院区、南院区、西院区、东院区）、"四大发展战略"（专科专病特色发展与差异化战略、人才强院战略、三精战略、文化战略）、"十大工程"（基础建设工程、特色专科工程、人才引培工程、技术创新工程、中医优势工程、精细管理工程、优质服务工程、信息强院工程、科教培训工程、人文塑院工程）和"十六个中心"（生殖中心、房颤中心、创伤中心、结石中心、消化中心、肿瘤中心、慢病管理中心、中医特色技术诊疗中心、山东省中医药数据中心等）的医院战略发展构想。相信在中华民族伟大复兴的历史形势下，在山东省新旧动能转换的战略机遇下，这座百年老院，能够继续焕发新的活力。

李荣华

一心向医，无愧初心

——山东中医药大学第二附属医院副院长陈守强

专家介绍

陈守强，1972年生，山东泰安人，医学博士、博士后，中西医结合心血管病专业教授、主任医师、博士研究生导师，国家中医药管理局重点专科学术骨干、重点学科学术骨干及后备学科带头人，国家重点研发计划"中医药现代化研究"骨干人员，山东省"泰山学者"团队核心成员，山东省首批中医药文化科普巡讲专家，山东卫视《大医本草堂》栏目特约嘉宾，名老中医网及中医治未病网主要创建者，《四十来岁的老中医》及《四十多岁的老中医》丛书作者。

兼任中国中医药信息研究会社区中医药信息分会副会长、中国民族医药学会慢病管理分会秘书长、全国卫生产业企业管理协会治未病

分会常务理事、中国医师协会中西医结合医师分会心血管病学专家委员会委员、山东中西医结合学会副秘书长、山东省卫生保健协会副秘书长、山东中医药学会中医特色疗法专业委员会副主任委员、山东针灸学会耳穴诊治专业委员会副主任委员、山东省老年医学研究会中医膏方专业委员会副主任委员、山东省心功能研究会网络医学与心功能专业委员会副主任委员、《中华现代中医学杂志》常务编委、《中华全科医学杂志》网上审稿专家及《中国中医药现代远程教育杂志》特约专家等职。

主持国家中医药行业专项、国家中医药管理局治未病标准制修订、山东省自然科学基金、山东省科技惠民计划等课题10余项，参与课题20余项；在国内外刊物上发表论文170余篇；获山东省科技进步二等奖等奖项8项；获计算机软件著作权登记证书17项；获国家发明专利3项，实用新型发明专利22项；出版专著12部；指导硕士研究生40余名。

先后师从山东中医药大学附属医院丁书文教授和山东大学齐鲁医院高海青教授，擅长掌纹诊病，善用膏方调理，自拟经验方40余首，在冠心病、高血压病、心力衰竭、心律失常等心血管病及疑难杂病的中西医结合防治方面积累了丰富的临床经验。近几年在挑刺疗法基础上创立了挑络疗法，在传统埋线疗法基础上创立了快速埋线疗法，并将二者结合创立了挑埋疗法，用于治疗多种疾病（尤其疼痛性疾病和超重），取得显著疗效。

缘定中医：因信念、因坚持

仿佛冥冥中自有定数，陈守强讲这一路走来的经历，以及与中医之缘，都因为坚定的信念和不屈的坚持。

谈起为何走上学医之路，陈守强回忆：初中二年级时，邻居是一位赤脚医生，经过一段时间的接触，自己了解了一些中医知识，渐渐地对学医有了兴趣，加上对医生这份职业的尊敬与憧憬，自那时起这颗兴趣的种子就深深地埋在了心底。高考填报志愿时，也因这份兴趣，所有的志愿均填报了医学院校的临床医学专业。后来他如愿以偿考入了医科大学，但被调剂到了口腔医学专业。用他的话来说："那个年代，能考上大学就算是祖坟冒青烟了。我是我们村新中国成立以来第二个本科生，全家因此高兴了好一阵子，我自己也非常自豪。"

在大一期间，"中医学"这门课程令陈守强兴趣盎然，不同于大多数同学，因为曾受到赤脚医生的影响，仿佛内心深处学习中医的种子被唤醒，终于找到了适合发芽的土壤，如饥似渴般汲取着养分，贪婪地吸收着阳光，开启了他的中医之路。回忆那段时光，他说："当时我最大的感受就是中医太美了，每次上课都充满了热情，甚至可以说是激情，越学越有意思。"中医之美，对于他来说有"语言美""理论美""方剂美""故事美""中药美""名医美"等等，简直美不胜收。

中医之美其实是中医文化之美，我国中医的发展是几千年来无数人同疾病做斗争总结下来的经验与理论知识，是在古代朴素的唯物论和辩证法思想指导下，通过长期医疗临床实践逐步形成的医学理论体系。中医不仅仅是一门医学技术，更是承载着几千年来我国劳动人民智慧的结晶，这便是中医文化。

陈守强以优异的成绩学完中医学课程，并选择到附院中医科实习。短短两个月的实习时间，他学到了许多书本之外的知识，结识了很多优秀的人。一面是自我能力的逐渐提升，一面是前辈们的认可与信任，他对中医的热爱之情愈来愈深。到了大四，他选择继续深造，受家人因癌症去世的痛苦的影响，在报考专业时他选择了肿瘤病理专业，奈何天不遂人愿，未能录取。他回忆道："那时的我多少有些失落与忧郁，影响了之后的选择，后来稀里糊涂地调剂到了中国农业大学的动物病理学专业。"他带着些许的不如意扛起沉甸甸的行囊，踏上了北上的行程。从一名为人治病的医生突然转变成动物病理专业的研究人员，身份的转变加上在读研第一年又经历了一些令他郁闷的事情，他曾有过一段自我怀疑的时期。夜深人静的时候，他躺在床上翻来覆去地睡不着。"我在思索我的未来，思索未来的人生定位，从内心深处，我是喜欢做医生的，尤其是中医……"他形容那段时期的自己如同失了魂的人，远远望去是一个面含忧郁、眉带皱纹、双眼无神的男人。只有经历过才会懂，迷茫、自我怀疑是每个人都会经历的过程。是走出迷茫还是就此沉迷下去，这就是强者和弱者之别。他自然没有沉迷，他突破心障，定下方向——我就是要学医，做一个治病救人的医生。读研期间和硕士毕业后的几年间，他从没放弃对中医的学习，利用业余时间翻阅典籍坚持自学，锚定方向，确定目标，终于经过坚持不懈的努力，在研究生毕业几年后接到了山东中医药大学的博士录取通知书，考上了国家知名中医心血管病专家丁书文教授的博士研究生。此时的他已经是一家公司的副总经理。"我关上门，任凭泪水夺眶而出，像个孩子，毫无遮掩。从老板桌再回到课桌，我已期盼了很久很久。望着那张拿在手里沉甸甸的红色录取通知书，回想这些年经历的酸咸苦辣，值！"他对自己说，过往的一切都只是过眼烟云，新的征程即将开始。

陈守强的坚韧是经历了无数的艰难险阻历练出来的，他说："没有过不去的火焰山，痛苦只是暂时的，当回头看看曾经历过的痛苦，原先以为不能忍受的，如今看来也不是难以逾越的。痛苦让我变得更加富有、更加坚强、更加珍惜、更加勤奋。"

多年的磨砺造就了压不垮、扛得住、肯拼搏的陈守强，他的信念是坚定的，他的斗志是昂扬的，不怕苦不服输的精神让他如愿走上了中医之路，正如那句古语：有志者事竟成。

优秀源于磨砺：愿为出海月，不做归山云

跟丁书文教授读完博士后，陈守强选择继续深造，2005年进入山东大学齐鲁医院博士后流动站，跟随我国著名心血管内科专家高海青

教授学习。既学了中医又学了西医的他，对中西医结合有了一定的理解，在博士后流动站学习的三年里，他接触了很多西医，大多数人并不排斥中医，反而特别推崇中西医结合。一次他参加心血管疾病的学术会议时，听一位教授讲课："作为一名中国医生，如果不懂点中医就不是一名合格的中国医生。"中西医不应该存在学术之争、领域之争，我国提倡中西医结合，它的精髓是在扎实地掌握国际先进诊断和治疗技术的基础上，结合使用我国传统医学的治疗手法。这样才会源于西医，高于西医；源于中医，高于中医。

2008 年 5 月博士后出站，陈守强经过深思熟虑，选择来到山东中医药大学第二附属医院（山东省中西医结合医院）工作，定在了心内科，中医为主，西医为辅。此时的他深感幸运，十分珍惜这份工作，因为他终于能够利用所学实现自己的抱负了。

自参加工作以来，陈守强每天过得都很充实，因为他深爱着这份工作，这份事业。"我深深地爱着这份事业，深爱着中医，学习着中医，应用着中医，感悟着中医。我被中医的巨大魅力和深刻内涵所吸引。随着理论学习和临床实践的不断积累，我愈发觉得自己如在浩瀚的大海中遨游，心甘情愿地与它融为一体。"

经过年复一年日复一日的辛勤耕作，陈守强逐渐成长为一名优秀的中医专家，他每有所得，便记录下来；每愈一病，便整理出来。多年来的知识积累，加上他一直秉持的创新思维，在冠心病、高血压病、心力衰竭、心律失常等心血管病及疑难杂病的中西医结合防治方面积累了丰富的临床经验，累计拟定了胸痹 1—4 号方、心悸 1—4 号方、眩晕 1—3 号方和宁心止汗方、宁心消痞方、宁心解郁方等经验方 50 余首，应用于临床，取得了显著疗效。他还提出了"组药""高频药""中频药""低频药""脑痹证""心汗证"和"心痞证"等新名称，提出了"四辨四联法辨治心血管疾病""从口味异常辨治心血管疾病""四步法辨治疑难杂症"以及"从气辨治亚健康"等新理念。近几年，他在挑刺疗法基础上创立了挑络疗法，在传统埋线疗法基础上创立了快速埋线疗法，并将二者结合创立了挑埋疗法，用于治疗多种疾病（尤其是疼痛性疾病和超重），取得了显著疗效，同时着眼于整体疗效，提出了"融合针法"的新概念，筹划制定其操作规范和评价体系。

用真心真意行医，做一名患者信得过的医生

医患关系的实质是"利益共同体"，因为"医"和"患"有着"战胜病魔、早日康复"的共同目标，战胜病魔既要靠医生精湛的医术，又要靠患者战胜疾病的信心和积极配合。要达到这一目标，重在沟通，良好的医患沟通，有利于促进医患之间的理解与支持，有利于减轻病人身心痛苦，提高治疗效果，并有可能创造最佳的身心状态。医患沟通其实是一门艺术，对此，他有自己的见解，并总结了五个方面：要热情、要认真、要自信、抓主症、善疏导。

谈起印象深刻的病例，陈守强回忆道："讲几个比较有代表性的吧。那是 2009 年 2 月，我刚参加工作没多久，有一位齐姓的老师，五十多

岁的年纪，性格很耿直，说话也很豪爽。当时她在心内科住院，听说医院里来了一个学中医的博士后，抱着试一试的心态要求加用中药治疗。我过去看了她的病历资料，她10余年前无明显诱

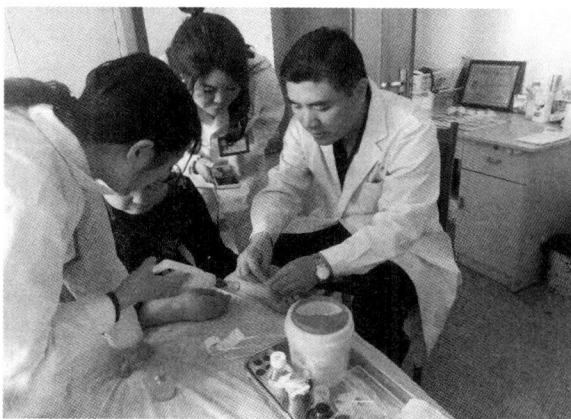

因出现阵发性胸闷、胸痛，为心前区闷痛，有肩背部放射痛，每次发作持续数分钟，含服硝酸甘油后可缓解，多次住院，经心电图等检查诊断为'冠心病、心绞痛'，给予扩冠、营养心肌等治疗。我综合脉证，四诊合参，诊断此病当属祖国医学'咳嗽'范畴，证属痰热型，以清金化痰汤加减，水煎服，7剂，日1剂，早晚分两次温服。到了二诊时，她已经无憋气、咳嗽、咳痰，情绪也有所好转，我便在清金化痰汤的基础上做了调整，让她继续服用。齐老师从最初试一试的心态转变成认可与信任，后来多次复诊调方，经过一段时间的治疗，她的状态明显转好，双下肢基本不肿，口服速尿停掉了，身上气力也增加了，半年多时间里没有再因为肺部感染或心功能不全入院治疗。齐老师很信任我，除了自己看病，也经常介绍病人过来，有一次开玩笑说：'陈博士，我都成你的粉丝啦！'我知道她是在真心夸奖我，但我不能骄傲，得继续努力，对得起这份赞赏，同时这次的治疗过程也让我对医患沟通的重要性有了更深的认识。"真诚待人，人方能真意待你，将心比心，便没有那么多的烦恼和忧愁。

"第二位是2011年冬天收治的一位八十多岁的阿姨，她是因'阵发性胸闷、憋喘20余年，加重一周'入院，当时西医诊断为：1.冠心

病，心律失常，完全性右束支传导阻滞，心功能Ⅳ级；2.高血压病3级；3.高胆固醇血症；4.慢性肾功能不全。她是经人推荐找到了我，刻下症见：胸中憋闷，经常出汗，双下肢乏力、轻度浮肿，口干，食欲差，大便干，舌质红，少苔，脉弦细。综合脉证，四诊合参，此病当属祖国医学'胸痹兼汗证'，证属阴虚火旺兼血瘀，拟养阴清热止汗、活血化瘀，以宁心止汗方加减，水煎服，7剂，日1剂，早晚分两次温服。两天后病人憋闷减轻，要求出院回家继续服药治疗。一周后病人出汗消失，口干、便秘好转，食欲增加。后来她还特意给我写了一封口述信，由她的子女用电子邮件发给我：

　　我怀着十分感激和激动的心情给您写这封信。二十多年来，由于我患有慢性心衰等疾病，睡觉时经常被憋住，憋得喘不过气来，浑身不能动，发出阵阵叫声而又无法醒来。直到别人用力推醒后，出一身冷汗，很长时间才能缓过来。如果身边无人，而自己又无法醒过来，越憋越厉害，后果将不堪设想。平时说话时间稍微一长，就累得不行，白天一活动总是大汗淋漓。2010年10月，到贵院就诊，遇见了陈主任。您像对待亲人一样热情接待了我。您给我听诊、把脉，清楚地指出了我的病情，给我制定了详细的治疗方案，开出了药方。经过治疗，病情很快得到好转。四个多月来，没有出现睡觉被憋住的情况，出汗现象和心脏都有较大的好转。我感到真是遇到了好大夫，您德艺双馨、治病救人，给了我第二次生命，您真是一位神医。我们全家由衷地感谢您，祝您身体健康、工作顺利、万事如意、前程似锦！

——87岁的隋××老太太口述

　　看完这封信后，我的心中一半是感谢一半是感动，感谢的是她对我的认可和祝福，感动的是她这么大年纪了还想着鼓励我这个后辈。我当即给她写了回信：

首先向老人家及全家问好！收到来信，我很感动。作为医生，我只是尽了一份应尽的职责，承老太太及全家对我如此感激。我把这当成一种鼓励和鞭策，我会继续努力，做个好医生，做一辈子的好医生。祝老人家及全家身体安康，生活幸福！

——陈守强 敬上

"第三个例子是一位张姓男性患者，57岁，既往高血压病、糖尿病病史多年。他的症状主要是就医前一个月睡眠差，每日只能睡1—3个小时，晨起头昏沉，经常汗出，口干，四肢乏力，大便偏干，舌质紫暗，苔黄厚腻，脉沉涩。辨证为阴虚火旺，处以当归六黄汤加减，7剂，日1剂，早晚分两次温服。后来复诊仍然睡眠差，感头昏沉，四肢乏力改善，口干、汗出减轻，大便正常。我仔细询问，了解到这位张老师原来是有心事，导致忧心忡忡。他所在的单位最近竞聘，快到退休的年龄了，他本想退出，顺其自然，但心里又有些难以割舍，陷入两难。了解病的主因后，我和他还有他的爱人一起交流了很多，劝他不要因小失大，马上要退休了，还有什么看不透、想不开、放不下的，因为这件不大的事，也可以说不关痛痒的事，又是住院又是吃药，还让一家人跟着担心，身体才是最重要的本钱。那天聊完后，感觉他的心态有些转变，后来又服了7剂方药，听他的爱人说，终于不再失眠了，能睡好觉了，整个人也精神了。"

漫漫人生路，真正能做到"物来顺应，未来不迎，当时不杂，既过不恋"的何其难。行医既是治病也是阅人，看过人间百态，生老病死，方能感悟到生命的可贵。正如"大医精诚"四字，医者不仅要有精湛的医术，还要有高尚的道德修养，我国著名医学家、现代外科之父裘法祖教授说："德不近佛者不可为医，才不近仙者不可为医。"陈守强行医几十年，始终坚守初心，用他的话说："我是一个普普通通的医生，愿尽自己所能做出贡献。"

永葆进取之心，永葆奋斗之力

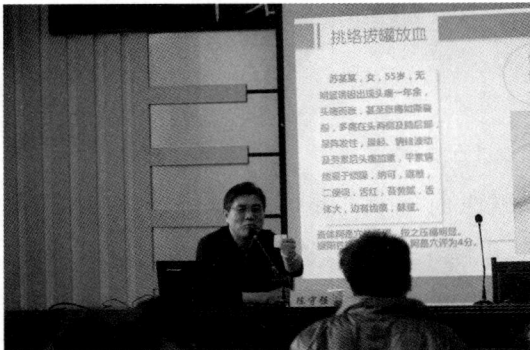

陈守强有边散步边思考的习惯，他觉得路边风景的不断变化，可以激发灵感；在思考过程中散步，既能锻炼身体，又不至于感觉乏味和疲劳。他善于发现问题，更善于解决问题。在跟师过程中，他发现，给病人写完病例、开完药方，病人就都带走了，处方留到药房，病例由病人保存。这给疾病统计和临床研究，尤其是总结医生的辨证和用药经验带来了一定的障碍，如果重复书写，又会造成人力、物力和时间上的浪费，当时他便想到开发电子版的门诊病历。事实证明，敢想敢干就有机会实现，经过多方努力，两个月后，中医门诊电子病历管理系统终于开发成功了，并在实际应用中收到很好的效果。

陈守强认为，人这一生唯有不断地拼搏，才能活出精彩，要永远怀着一颗炙热的进取之心，在工作岗位上发光发亮。目前，他已是国家中医药管理局重点专科学术骨干、重点学科学术骨干及后备学科带头人，国家重点研发计划"中医药现代化研究"骨干人员，山东省"泰山学者"团队核心成员。他在职业生涯中获得众多殊荣，主持国家中医药行业专项、国家中医药管理局治未病标准制修订、山东省自然科学基金、山东省科技惠民计划等课题 10 余项，参与课题 20 余项；在国内外刊物上发表论文 170 余篇；获山东省科技进步一等奖等奖项 11 项；获计算机软件著作权登记证书 17 项；获国家发明专利 3 项，实用

新型发明专利 22 项；出版专著 12 部。

如今他已经指导研究生 40 余名。导师在研究生的学习、工作乃至生活中究竟应该发挥什么作用？一般情况来看，这似乎非常简单，就是指导专业阅读、指导临床实践、指导学术研究、指导论文撰写。但他感觉这些仅仅是其中一部分，导师还应该成为学生们治学和做人的楷模，用自己的人格魅力潜移默化地影响他们，使他们得到全面熏陶，终生受益。这是他跟随各位导师学习后的所感所悟，每每回想起跟随各位导师学习的那些日子，既幸福又充实，于是他便将所感所悟言传身教给自己的学生们。一代人有一代人要面对的事情，但万变不离其宗，他时常告诫学生们，凡事认真去做，可以把事情做好，这是一种境界；凡事开心去做，可以把事情做得更好，这是一种更高的境界。无论身处大舞台还是小舞台，都要做好自己的本职工作，勤奋好学，踏实肯干，积极进取，一步一个脚印，要不断地总结经验与教训，如此逐步提高自身的专业素养和综合素质，才能有所作为。

肯担当、有作为、值得托付的精诚大医

不论是在家人、朋友、学生还是患者面前，陈守强给人的感觉始终是勤奋的、执着的、智慧的，是一个肯担当、有作为，可以让患者

托付的精诚大医。他性格温和，常交益友，乐为良师，精于学问，工于医术，追求完美。他时常自我鞭策：讲课，应该尽善尽美，声情并茂，不然怎么对得起台下的学生？做学问，应脚踏实地，不然怎么对得起辛苦培养你的老师和默默在背后付出的家人、朋友？行医，应全心全意，鞠躬尽瘁，不然怎么对得起信任你的患者？

随着社会的快速发展和人口老龄化进程的加快，如今我国大多数人处于"亚健康"的状态，这种"亚健康"状态是人们患各种慢性疾病的主要因素。人们越来越注重生命质量的提高，健康管理理念亦逐渐深入到人们的生活理念之中，已成为备受关注的预防保健新课题。陈守强在工作之余经常参加健康公益宣讲活动，为大众普及健康知识，积极传播中医药文化。他如今不仅是山东省首批中医药文化科普巡讲专家，还成为山东卫视《大医本草堂》栏目的特约嘉宾，参与创建了名老中医网及中医治未病网，并出版了《四十来岁的老中医》及《四十多岁的老中医》丛书，将自己多年来的行医记录和经验分享给大家。他说："能在这个舞台上，我很幸运，能做这些事，我很充实。"他用实际行动践行着心中的大医梦。

陈守强从不认为学医是枯燥的，一直以来保持着如饥似渴的态度去学习去探索，回首从医之路，各种滋味都体验过、经历过，既有苦涩也有甘甜，既有付出也有收获，在他的心里，做一名医生既充实又幸福。医生不仅是一份职业，也是可以让他倾尽一生的事业。一直以来，他总是心存感激，老师、领导们的谆谆教导，患者们的理解信任，家人、朋友们的陪伴支持……

从医以来，这一路历经千锤百炼，陈守强认为，学医是一辈子的事，非有笃志者不可为。不论哪个行业，唯有牢记自己的初心，笃行不怠，才能在这条道路上行稳致远，人不仅要有"既来之，则安之"的踏实肯干，也要有"肯攀登，肯超越"的无畏冲锋。正如苏联作家尼古拉·奥斯特洛夫斯基在《钢铁是怎样炼成的》中写道："一个人的一生应当这样度过：当他回忆往事的时候，不因虚度年华而悔恨，也不因碌碌无为而羞耻。"

侯仰东

顶天，立万仞高山；立地，守人间烟火

——山东中医药大学第二附属医院江学良

专家介绍

江学良，教授，博士研究生导师。现任山东中医药大学第二附属医院消化中心主任、山东省中西医结合医院消化中心主任、世界华人消化学会会长、《世界华人消化杂志》主编、中国中西医结合学会炎症性肠病专家委员会主任委员、山东中医药学会消化内镜与介入专业委员会主任委员、中国炎症性肠病联盟中西医结合专业委员会主任委员、国家胶囊内镜中心及微生态医学中心主任、山东早癌筛查诊治中心及脾胃病重点专科主任、山东省炎症性肠病中心主任。

　　"我小时候是住在煤矿上。我们山东有个肥城煤矿。我的童年就在矿区度过。"江学良是出生于矿区的孩子，矿区浓郁的生活气味伴随他产生人生最初的懵懂认知。日落时，这样的烟火气味便袅袅地在矿区之上升腾。他在这样的烟火中捧着饭碗，咀嚼着，看着窗外扛着工具三三两两归来的矿工。

　　有时，那些矿工之间会出现一位背着红十字箱子的人。

　　"在那时候，我感觉医生很神秘。那时候叫赤脚医生，那真是名副其实的赤脚医生，背着个药箱子。比如，你看现在我手腕这个地方还有个疤痕，那时候这个疤痕的部位发生了感染，处理方式就是医生把伤口切开，清除脓液，然后打点抗生素。但那时候缺医少药，当年一次性的注射器非常稀有，那时的注射器就是一个大针管。到了你家里以后烧开水，用开水给针管子消消毒，然后用针管子把青霉素或者其他药品注射了，你现在简直不能想象。"

　　孩童时腕部一道轻微的伤口发了炎，他被抛入高热之中沉浮。在迷蒙之间，江学良嗅见烟火的气味，模糊的视线追逐着弥漫的白色雾气。

浸没在沸腾的声音里的，是将他拉出煎熬的"绳索"。后来他记住了两个词，一个是"注射器"，另一个是"青霉素"。

他也切身地理解了这个拯救他的职业：医生。

这样的烟火气味哺育了他的童年，送他走入学堂。在书本中，他跨越时空遇见了许多伟大的思想和灵魂，其中有一名不远万里来到中国的医生，叫白求恩。

"那时候对我影响最深的就是白求恩。作为一个外国人，不远万里来到中国，然后在战场上救死扶伤。"

在烟火的养育之中，尚且稚嫩的江学良昂首挺胸地站立，面对"理想"的课题，坚定地吐出四个字："悬壶济世。"

二

1985 年秋季，桂花刚刚开过，被苏州医学院录取的他面对校门时无疑是兴奋的，或许其中还夹杂一些惆怅，远离家乡让他能从桂花的香气之中嗅出思念的苦涩。

而苦涩不过百味之一。课本、实验，轮转过他的青春；学校、实习，锤炼过他的技能。枯荣几载，桂香再度浓郁起来时，苦涩已经淡得尝不出来。

也许，他亦不再有品味香气的闲暇。

"我实习的时候在苏州医院。那是 1989 年，当时有一名郑教授，是从美国毕业的博士。那个年代大学生就很罕见了。郑博士在苏州医院牵头，建立了一个消化科。当时苏州医院的消化科就做得非常好。"

他忙着立于老师身侧，根据所学专注应答提问；忙着行于病床之间，依据病历确认患者情况；忙着站于手术台前，平稳持握手术刀或内镜器械；忙着记背教材、熟悉病例、实践证明、思索整合、完善操作……

苏州医院的炽白灯光照亮了江学良的眼睛，年轻人仍是昂首挺胸的模样，提到"悬壶济世"四字却不再仅以谈论"理想"的语气。

"当时我有两个选择，一是留校，进入苏州医学院附属医院；二是继续读研究生。作为山东人总还是希望能够再回来，然后就又考了我们山东医科大学的研究生。"

十字路口的指示牌简短标示了方向，却皆指向未来。江学良站在人群的洪流之中，伴着落日返家的背影都是相似的匆匆，随着人流急急踏出的脚步却忽地缓了下来，他在这一个时刻想念起烟火的气味。

"读本科时没有涉及专业方向的问题，而考研究生就面临专业的问题了。那时候选消化病的专业跟实习也是有关系的。消化科有其特点：首先，器官多，食管、胃肠、肝胆、脾……都是消化科的；其次，器官多，疾病就多；最后，疾病多，疑难病就多。也就是说消化科器官多，疾病多，病人多，疑难病多。疑难病多就很有挑战。"

三

刚刚参与过一场手术，江学良有些呆愣地看着摊开的病例，病例上那个小女孩的生命在手术台上停止了。纸页上每一个字他分明都很熟悉，而在一瞬间，他却感到了一种陌生的害怕。

这个女孩因一种他甚至不认识的病而死亡。

实习了几个月，他早不是无法面对死亡的新人了。但他仍无法轻巧地翻过这页，无法轻巧地翻过自己的每一次无能为力。

"那是我见的第一例溃疡性结肠炎病人。溃疡性结肠炎是我研究的一个重点。现在有人把这个病叫作冰箱病，它并不是说吃冰箱里面的东西导致的，而是说工业化带来了这个病。你看看人均 GDP（国内生产总值）很高的那些西方国家，这个病的发病率也很高。随着咱们国家这 30 年 GDP 上涨，这个病的发病率也在往上涨。"

蝉声响了一夜，终于在清晨时刻，他决定停歇一会儿。刚刚结束夜班，身体已疲惫，他却无法安眠。他这段时间翻过书籍、读过论文，但对于那个女孩病症的了解却仍是寥寥。他蜷在寝室中窄窄的床上，闭上眼，焦躁却比蝉鸣更吵闹。

他叹了口气，坐起来，重新翻读起自己这段时间整理的笔记。

"我在研究这个病的时候，要书没书，要资料没有资料，那时候网络也没有现在发达，很难从网络上查到什么资料。所以，我在 2005 年的时候就写了第一本有关溃疡性结肠炎的专著，针对的就是中国的溃疡结肠炎。十年磨一剑，2005 年时我已经研究这个病十几年了，从动物模型到发病机制……那时候没有理想的动物模型，搞不清楚什么原因，我就一边上班一边搞科研。我研究生从山医大毕业以后，正好部队上非常需要人才，就把我们作为后备人才招进去了。招进去以后，我就在部队上工作了一段时间。那时候我在军区总院，消化科病房值班的有三个医生，这三个医生要管一层楼四十个病人，白班、夜班，连轴转。同时我一边做实验一边养老鼠，那时候都是这么干过来的。"

如梦魇一般纠缠着的无力与焦躁，经此十年终于由他自己亲手抚平。

"这个病在西方国家多年的研究中被证实与家族史相关，30% 左右的患者，他的上一代也有这个病。当时牛津大学想与我们进行合作研究，英国牛津大学就安排专家来了。来了以后看了我诊断的一些病例，发现我们国家的病例相比欧美国家的明显少有家族史因素，所以第一反应就怀疑是误诊，他们怀疑我把一些感染性的病都当成结肠炎了，

于是把我们这个病理片子拿到英国去，由英国的专家会诊，结果确认是这个病。在我们国家，这个病的家族史比较少见。"

冬季的早晨似乎开始得晚了些。清晨五点，在还未苏醒的城市之间，有一盏小小的灯亮着。炉火的气味还未完全散去，江学良坐在这样的烟火气味中，饮一碗前夜煮好的稀粥。六点多，熹微的晨光里露出轻浅的寒意。坐在办公桌前，他已翻背过几位患者的病历，捻着薄薄的纸页，又翻过一页。约莫半小时后，病区逐渐有了轻微的语声。七点过，熟记所有患者情况的他开始查房，停在每个病榻旁边时，只留下一点温和的声响。八点交班，回到诊室，他开始接诊。

他不知疲倦如教科书中的角色一般忙碌着，为治愈更多患者用尽全力，十年之间，却因见过更多患者而越发感到不安。

"在工作中我总感到'学然后知不足'，于是就完全脱产，又考入第二军医大学去读博士。当时是统招的博士。实际上我读博士的时候，已经工作了 10 年。"

或许是某日下班后的某个时刻，凛风穿过城市，被人潮熨烫，刮过他耳边时带着柔和的温度。这一刻，江学良的视野前方是万家灯火，或者说，是他想守住的人间烟火。不安便蜕化为一种清醒，一种笃定。

"从 2003 年起，我在第二军医大学又读了三年博士，这三年对我影响很大。在读博期间，我的导师是李兆申院士。我们消化方向的院士很少，其中一位就是李兆申院士。"

四

"我在向李兆申院士求学的过程中，也见证了他带领这个学科冲到我们中国最顶尖专业的历程。在发展过程中，第一，老师非常敬业；第二，就是不断创新，做大做强，将专业做成了国内外都有影响的专科；第三就是甘为人梯。"

城市中一切声息都显得模糊而遥远，秒针又转过一圈。此刻，因高烧倚靠在床头的李兆申眼下有了几分疲惫的痕迹。

看着此时的老师，江学良想起自己曾接到的那通电话。电话另一端是各位业界前辈叫着自己名字时模糊的声音与模糊的称赞。老师精神抖擞地带着轻松的笑意与隐隐的骄傲，问：

"他们问，你是不是我的学生？"

面对老师的提问，江学良那时是怎么回答的呢？

"你刚开始在一个新的地方（山东中医药大学第二附属医院）负责消化中心工作，肯定有很多方面需要开拓。你牵头举办的这个国际肠病与内镜高峰会议，我还是要亲自过来参加讲课的。"江学良清楚地记得这句话在几日前通过电流信号的模拟传递到耳边时老师和蔼的音调。在阖上房门的一刹那，想起老师因为劳累发烧而有些困倦的脸，那一刻兴奋与激动都从舌尖融化，他在喉间尝到一种酸涩。

"我是李兆申院士的学生，过去是、现在是，将来、永远都是。"

城市正隐没于最浓厚的夜色，短短几小时后，李兆申院士拖着病躯起身，调整到材优干济的状态，作为行业领头人、工程院院士，讲解学术会议中的第一堂课。而在这一瞬间，江学良只朴素地希望这个夜晚再长一些，好让老师多休息一会儿。

"这当然说明一个老师对学生的关心和支持，但这不仅仅是对学生。更重要的，还是李兆申院士对我们整个学科建设、学科发展的支持。老师走后我就将微信签名改成：'一个比你优秀的人，比你还努力。'"

五

自坐在诊室起，经常八小时，不饮水、不吃饭，甚至不去卫生间。从病史到检查，从循证到收治，只专注于患者，只思考着病情。数十年如一日。

可是他仍每日诊出疑难病，每日听见晚期病人的哭号。

这世间还有多少患者？

"现在经常是在外面医院做了肠镜，说是肠道有炎症、有溃疡，甚至怀疑是克罗恩病，结果到我们山东中医药大学第二附属医院来做个肠镜发现是肠结核。这完全是两种不同的病。同样做肠镜、取病理，为什么诊断结果会有这么大的差异？这就说明同质化不够。"

在一张又一张不够规范的内镜报告、一份又一份判断不清的病例中，江学良像是滑入了一场渐浓的迷雾，也同时逐渐窥见了黎明。

"在质控方面我提了个要求叫作'顶天立地'——'顶天'，就是要拿出这个行业的标准来，站在全国的角度解决这个问题。首先就是要制定全国的共识和标准，明确主要指标、次要指标；'立地'，要求能够下沉到最基层去，让下边也能够达到这种标准。怎样判断大家是否达到这个标准，就比如建立质控中心，由学会进行专题培训，然后由质控中心去核准达标情况。实际上，这就是这几年我一直在做的、非常重要的事情。一方面，我牵头达成了一些共识，第一个共识就是一个质量控制。其本质就是质量控制、同质化，从学科的角度，推广同质化。另一方面，就是建立江学良教授博导工作室。"

这是间革命老区的卫生院，是处在居民区中的几间平房，绕过有些斑驳的外墙便可见一处寻常人家一般的院子。临近中午或傍晚，诊室内也嗅得出饭菜的香气，听得见归来的人互相交谈，感知得到一种浓郁的烟火气味。

这是距离百姓最近的医疗服务设施。

江学良每月几次，与诊室的医生坐在一起，讨论病例、改进操作、规范管理、建立跟踪……直到诊所中的医生操作达到标准化要求，直到周围的百姓能切实享受到与省级三甲医院同等的消化诊疗服务，直到那块"江学良教授博导工作室"的牌子挂起来。在他眼中，这才算"立地"。

"我印象很深的案例，是烟台白石肛肠医院。虽然是个民营医院，但是我觉得它的规范程度、医护人员的敬业精神，各个方面，真的是不比任何一家公立医院差。"

奥林巴斯 CV-170 的胃镜器械立在检测室内，以不够清晰的"眼"寂静地等待患者，一派老旧的姿态。而因为尚未开展无痛内镜的检查项目，几位持检查表等待着的患者在炽白的灯光之下勾勒出几分凄清。

他在消化科工作了太多年，太多次看见过患者因不适而用力攥紧的手，太多次目睹过因内镜检查而蜷缩的病体，太多次面对过手足无措的亲属。他知道无痛内镜开展的困境主要在于麻醉，在许多小医院，麻醉都是风险环节。他也理解其中的隐痛，但"无痛内镜是目前的一种趋势，胃肠镜的刺激是很多人都难以承受的，而且大多数接受胃肠镜检查的患者本就有身体上的不适，再增加胃肠镜的负担，那就又增加了患者的痛苦"。轻缓而严肃的语调背后是三十余年的沉淀。他看着身侧院长的眼睛，看见了犹豫逐渐退去，看见了发亮的坚定。

江学良教授博导工作室落户烟台白石肛肠医院不过三年，"现在他们院内为内镜专门配备了麻醉师，更新设备，目前国际上最先进的奥林巴斯 CV-290 就有三台。一年做八千多例内镜，这个数量可以说非常多了"。

六

"为天地立心"，他提出行业标准；"为生民立命"，他坚持夙夜匪懈；"为往圣继绝学"，他做研究立足传承创新；"为万世开太平"，他强化落实基层达标。

三十年潜心修习，三十年科研专注，三十年临床累积，已见峰顶景色；基于真实患者，始终关注人间，一直扎根土壤，吞吐烟火之气。

为医，"顶天立地"；做人，亦是如此。他以一生实践了"悬壶济世"的信仰，他的名字叫"江学良"。

代安娜

一路攀登，一路求索

——山东省立医院小儿呼吸科副主任王金荣

专家介绍

　　王金荣，山东省立医院小儿呼吸科副主任，主任医师，教授，博士研究生导师。兼任山东预防医学会过敏性疾病防治分会主任委员，中华预防医学会过敏病预防与控制专业委员会委员，山东省医学会支气管哮喘多学科联合委员会副主委，国家远程医疗与互联网医学中心儿童哮喘行动计划专家委员会副主任委员，山东医学会变态反应学会委员及免疫治疗组副组长等。

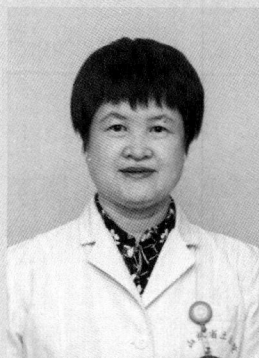

　　擅长儿童呼吸系统疾病及变态反应性疾病的诊治，尤其对儿童急慢性肺炎、支气管哮喘、慢性咳嗽、婴幼儿喘息性疾病、支气管扩张等有丰富的临床经验。每年接诊患儿约 7000 人次，其中 80% 患有哮喘及慢性咳嗽等相关疾病。将科普工作融入临床，让患儿家长尽可能了解或掌握一些哮喘相关的防治知识。

先后承担过国家自然科学基金、山东省重点科技攻关课题等多项。获得山东省医学科技进步三等奖两项；担任第三次全国儿童哮喘及过敏性疾病流行病学调查济南地区负责人；参与中国儿童肺功能正常预计值研究；出版专著 5 部，在核心期刊发表论文 30 余篇。

小草含青，千枝吐翠，花骨遮面，含苞待放，微风拂过，细嗅花香。这是春天的暖风送来了欣欣向荣的生命，也是春日带来了万物的生机。一眼望去，首先映入眼帘的便是孩子奔走欢笑的身影，他们无忧无虑地享受春日的暖光，茁壮成长去拥抱未来。正如《村居》一诗中写道："草长莺飞二月天，拂堤杨柳醉春烟。儿童散学归来早，忙趁东风放纸鸢。"孩子不但是春日的代表，更是祖国的未来。

孩子的成长之路，少不了磕磕绊绊，少不了疾病缠绕。孩子健康成长路上不但需要父母的呵护，更少不了医生的帮助。在这里，我将介绍一位权威且有丰富经验的儿科医生，也是我的导师——王金荣医生。

王老师的所学与成就离不开少年时代对医学的热爱与努力，那么18 岁的她是怎样一位心怀梦想的少女呢？又会给我们什么样的启发呢？让我们跟随她的青春回忆录一起回到 18 岁那一年的繁花盛开时。

窗外蝉鸣传送一波又一波热浪，而此时有位女孩正在填写一个又一个理想的医学院校，愿未来成为一名优秀的医生。18 岁的王老师，对生命有着探索解读的精神，从孩子出生的牙牙学语，到玉树临风，到成熟稳重，直至生命结束。每个人的生命看似有着相同的过程，但却有着不同的经历。18 岁的王老师，不但看到了人一生的过程，更渴望学习关于生命更为精细、更为深奥的知识，因此她选择了学医的道路。王老师顺利考入了滨州医学院，开始了她精彩的大学生活。也正是这一段大学生活给了她更多的对生命的思考。

18 岁：青春洋溢，学医初探索

18 岁的王老师带着对学医的渴望以及对大学的憧憬，进入了梦寐以求的医学殿堂。杨柳扶堤，花之绚烂，每个入学的新生眼睛里看到的都是一片欣欣向荣、生机勃勃的景象，大家欢声笑语，流连于大学的校园。王老师的大学生活非常祥和，大家都是抱着对医学的尊敬与知识的渴望开始一段新的旅程。窗外阳光透过树叶的间隙，斜照于教室里，落在青春的脸庞上。老师认真讲解，王老师和她的同学们认真地学习。原来生命的奥秘不只是人生的成长，更多的是对生命更为细致的了解。同学们正式踏上了学医路。

学习：苦而作乐，纯享书本中

大学时代的王老师学习认真，成绩优异，对老师所讲的每一个知识点都烂熟于心。与他人不同的是，对老师所传授的每一个知识点，王老师在心中都有自己的解读。王老师的课本里面做了很多重点的笔记，通常比别的同学的更旧一些，也更为松软一些。晚上，教室里总有一个女孩的身影，她在勤奋地整理知识点，这个身影虽瘦，却有着强大的意志力，这个女孩便是王老师。由于渴望对生命有更多的认知，王老师的解剖学、组织胚胎学学得非常好。她认为解剖学、组织胚胎学是其他学科的基础，只有把人体构造学习明白、了解清楚，才可以对内外妇儿各科有更为深刻的理解。她把学习比作浇灌树苗，只有耐心呵护，才能让树苗扎根于更深的泥土中，茁壮成长，开枝散叶。学医正如种树苗一样，要用心去学习、去掌握、去探索，才能让以后的学习之路更加通畅，对生命的认知了解更为深刻，临床的应用学习才会更加顺利。对于医学生来说，应该学习王老师的学习精神，学会归纳总结，学会整理，这样对我们以后的学习之路都有莫大的帮助。整理知识点，从另一个层次来说，就是对一个知识点的梳理，由里及外的扩展。

▉ 运动：坚毅的意志，强大的体魄

在王老师的大学时代，运动是必不可少的。王老师对运动的认识，不只是锻炼身体，更多的是强壮的身体可以让她在学医道路上有更多的体力，不会因为体力不支而影响学习。据她回忆，他们上大学时，排球、足球都需要向体育馆租借，而一租就是一个学期。每到下午上完课，她便会和小伙伴一同去打球。在夕阳的照映下，每一个少女的脸庞上都映照着青春、阳光的笑容。这大概就是对青春最好的诠释了。王老师热爱冬日长跑。她在大学时光中，冬季的大部分时间会选择长跑。若遇到雪天，她会在雪停的第二天穿着单薄的衣服，围着滨州市长跑 10 公里左右。她认为，这样的锻炼最有益于身体的健康而一般能够坚持运动、有着持之以恒的耐力的人，对学习同样也有着刻苦的态度。王老师说，学医这条道路很艰苦、很难，但只要肯努力、肯坚持，终究会收获很好。学医学同样需要体魄，无论是男医生还是女医生，都要有一个强健的体魄，一颗顽强的心脏。

▉ 收获：一路的攀登，永远的热爱

王老师有着青春洋溢的大学时代，同样也有着更为努力的硕士、博士、博士后时代。在学习工作的道路上，王老师一直抱有成长进步的心态。据她回忆说，毕业后，在工作中发现自己的知识储备不够，需要更深入地学习，研究生阶段掌握的知识是不够的，因此她又继续

考取了博士后，去了武汉的同济华中科技大学附属医院，开始博士后的学习。在学习的过程中，她收获了更多的知识，在科研方面也有着超出其他同行的努力，在疾病机制的研究、科研、试验方面有自己的独到见解。王老师在武汉的时间过得很快，知识也收获颇多，为以后的临床工作、科研工作打下了极其重要的基础。求学的时光，过得非常快，也非常有意义。一切学习都是为了未来的临床工作，学习的每一点每一滴都是进步，都是对疾病、对临床治疗、对基础研究更加深刻的认识，并不是为了学习而学习，而是为了治病而学习，对生命的探讨、对生命知识的渴望才是支撑王老师走到今天的真正原因。通过一点一滴的收获，将疾病理解得更清楚，更好地诠释医生是什么。

工作：永远的信仰，永远的榜样

博士后归来的王老师，进入了省立医院小儿呼吸科，开始了她的工作。在儿科，王老师最擅长的是哮喘喘憋性肺炎、喘息性支气管炎等儿童炎症喘息性疾病的治疗。基于前期科研工作上对炎性细胞机制的学习、科研经历，她对这类疾病有着更为深刻的见解与掌握；通过前期的科研学习，查阅文献资料，她在儿童哮喘方面造诣颇深，能精准地判断疾病、指导用药。日复一日、年复一年的临床工作使得她在儿童哮喘方面有着丰富的诊断经验和治疗规划。一个患儿从疾病的诊断到治疗过程中的好转到最后健康幸福地生活，这就是王老师想要看到的，也是最令她欣慰的。王老师曾说过，看到孩子健康快乐地成长便是最幸福的事情。王老师有高超的医术，在山东也有很高的知名度，甚至在全国，都有德高望重的地位。她对于学习的认真态度，对于患儿的悉心呵护，对于家属的关照帮助，值得尊敬。在门诊的诊疗过程中，即便是复诊的患儿，王老师都记得，并且患儿家长说得最多的就是，孩子最近特别好，非常好，不再咳嗽了，太感谢主任了。这是对医生最为中肯、最为真诚的评价。而王老师只是看着孩子微笑，继续以往的工作，认真地斟酌孩子以后的治疗方案，考虑是否需要修改，药物是否需要减量，更好地保证孩子未来的正常生活。她是一位医者，临床的工作虽然非常繁忙、非常辛苦，但她仍然耐心接待每一位患儿，用心给每一个患儿诊断、治疗。与此同时，她对待学生的学习也非常认真负责。她在学习的同时，也会让学生一同学习，阅读文献，增加知识储备，给予他们成为医生的道路上最大的激励与鼓舞。现在，全国各地的家长都会带着他们的孩子来找王老师，以寻求帮助。而她之所以能够赢得家长的信任，离不开背后的努力，离不开大学时代的学习，离不开科研工作的积累，更离不开工作后的持续学习。

　　普通的人在普通的职位上做着最不普通的事，这大概是对王老师最好的概述了。这最不普通的事，就是让数万家庭充满欢声笑语，让孩子们的笑容无论春夏秋冬，都可以最美好、最童真地绽放在脸上。

高志莹

有温度的"医学生"

——山东第一医科大学附属省立医院付国斌

专家介绍

付国斌，38岁，山东菏泽人，中共党员，医学博士、博士后，山东第一医科大学附属省立医院肿瘤中心主任医师，山东大学医学院临床副教授，硕士研究生导师，泰山学者青年专家，*Cancer Innovation* 杂志、《中华肿瘤防治杂》志编委，山东省老年医学会老年肿瘤分会副主任委员，山东省医药教育协会肺癌专委会副主任委员，山东省青年医务工作者协会副秘书长。主攻肺癌的致病基础与个体化诊疗，主要研究方向有：（1）肺癌少见驱动基因的PDX动物模型建立和应用；（2）免疫检查点抑制剂的疗效和不良反应的预测和机制；（3）靶向治疗副反应的中药解决思路和机制。目前个人主持国家自然科学基金1项、省部级课题3项，发表SCI论文9篇。

尽管我的导师付国斌老师在一些方面已取得了瞩目的成就，但他以"严谨"自居，并一直把自己当作一个求学的"医学生"。忆往昔峥嵘岁月，可用以下几句话概述付老师：其一是求学时的"天道酬勤，把理想揣进心底"；其二是身为老师时的"严谨治学，良师益友"；其三是面对凶悍疫情时的"苟利国家生死以，岂因祸福避趋之"；其四是面对病患时的"患者至上，大爱无疆"。

天道酬勤，把理想揣进心底

　　有人说，天赋决定的只是人生的起点，而努力却能决定人生的高度。在刚接触付老师的时候，我认为付老师是一个天赋很高的人，很多理论、实验操作以及对疾病的诊断都是信手拈来，且付老师从容自信的态度让我更加坚信天赋是与生俱来的，但随着日常的接触和了解，我见识到了付老师除天赋以外的东西——努力。

　　付老师在农村长大，通过自己的努力一路从农村小学考到市里最好的中学（菏泽一中），再考到省内最好的大学（山东大学），最后因成绩优秀被保送至北京协和医学院，付老师是"知识改变命运"的一个真实写照。他没有给我们谈过多的在农村生活时的辛苦，只是偶尔说起来小时候读书，最喜欢的事情其实是考试，因为考试成绩好就能拿到一点奖金和文具，只言片语使我们感受到付老师当年的辛苦和付出。大学期间，付老师一如既往勤奋刻苦，连续四年获得一等奖学金和"优秀班干部"称号，并加入中国共产党。他有一辆二手自行车，周末时经常骑着自行车横跨市区，从山东大学校园到省图书馆借书还书。本科毕业时，付老师因为表现优秀，被推荐免试到中国医学科学院（协和医科大学）直接攻读博士（直博生），师从程书钧院士。读博期间，付老师获得"协和优秀研究生""优秀共产党员"称号。学生问过付老师为什么这么优秀，付老师说其实他一点也不优秀，但是有两点经验可以分享：一点是他坚信天道酬勤，今天付出的努力和心血都会转化为明天的光，读书期间不要怕吃苦，没有白流的汗水；另一点就是要有远大的抱负和理想，信念可以支持一个人走向远方，不会因眼前的美景或挫折停下脚步。我想，不怕吃苦以及理想坚定可能是付老师成功的原因，也正如《孟子·告子下》一文中"天将降大任于斯人也，必先苦其心志，劳其筋骨，饿其体肤，空乏其身，行拂乱其所为"所描述的那样吧！

我曾问付老师："您一直以来的理想是什么？"付老师说治病救人是他的理想。一名好的肿瘤科大夫能为癌症病人点亮希望。快速发展的医学领域，尤其是肿瘤学方向从来不给人喘息的机会，但付老师秉承着医学梦想，把被动化为主动，不管是读研时期还是工作阶段，都坚持每天阅读外文文献，关注肺癌最新研究进展，让自己不落伍，最终成为他一直想成为的人。付老师入选"泰山学者青年专家"，并为社会和医院贡献了一份力量。付老师所取得的成就不仅仅依靠天赋，更取决于他对天道酬勤的领悟。

严谨治学，良师益友

"严谨治学"四个字用在付老师身上非常贴切，已从事临床工作十余年的付老师，尽管在肿瘤治疗领域有自己的独到见解，但他不放过任何一次与圈内大咖共同学习的机会。因此，一旦闻知有关于癌症、肿瘤的国内外会议，他都积极参加。据不完全统计，付老师在做好临床本职工作的同时，参加省内外学术交流100余场，其中担任会议主席和主讲者30余次。付老师本身对科研这方面有很深的造诣，精通多项实验技能，是我们科研道路上的引路人。无论什么实验，付老师都要求我们必须做到对照、随机、重复等原则，同时也会抽空用心制作幻灯片给我们讲解基础实验所用的方法以及注意事项。

再者，每次学生找他改文章时，付老师不仅严谨、认真，而且还和蔼、有耐心，付老师细致地修改标点符号、错别字、语法、逻辑性等方面，而且总是和蔼地对我们说"细节决定成败"。对于这些，我对付老师进行了采访。他

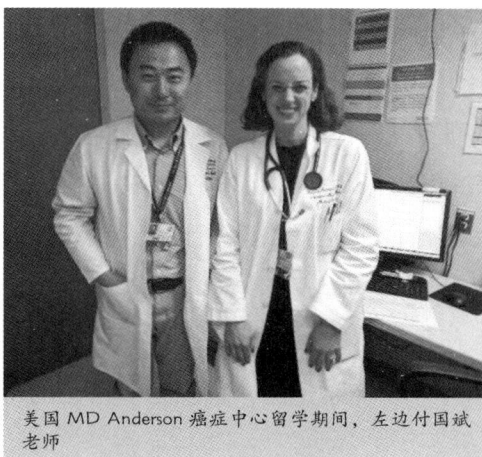

美国 MD Anderson 癌症中心留学期间，左边付国斌老师

说："以前我读书的时候，我的老师也是这样严格要求我的，这是一种传承。"他还给我们分享他在美国留学期间的逸事，有一次他去听系里的"didactic lecture"（教学讲座），原计划要同来的伙伴有事请假，结果就变成两位教授教他一名学生，同时教育专员还要预订会议室及协助使用电脑，他顿时感到受宠若惊。那时他就在反思：一是如果自己作为授课老师，面对只有一名学生的临时变动能否如平常尽心；二是给学生讲课一定要有自己的思想，坚持讲课原创。

平时，付老师和我们就像朋友一样，可以互吐心事，而且他经常对我们说："无论是学习上，还是生活上，有困难的同学，一定要和我说，我能帮到大家的一定会尽量给大家解决。"作为他的学生，听到这些，心里总是暖暖的。除此之外，付老师为了缓解我们的学习压力，会抽空组织聚会让我们放松，比如野餐、春游等一些户外活动。因此，能成为他的学生，是我们的荣幸。

▌苟利国家生死以，岂因祸福避趋之

2020 年新春伊始，新型冠状病毒肺炎肆虐来袭，牵动着每位中国

人的心。当这场没有硝烟的战争来临时，付老师第一时间主动请缨至山东省立医院发热门诊一线值班。尽管工作强度大、防疫物资缺乏、有被感染的危险，但付老师直面病毒，坚守岗位 2 月余，其间接诊发热病人 400 余人次，并首诊新型冠状肺炎 1 例。采访付老师时，问其在疫情面前是什么东西让他坚定了信念。他回答："'苟利国家生死以，岂因祸福避趋之。'国家有需要，作为医生，此时我不仅仅是医生还是一名'战士'；作为一名共产党员，更应该有不怕牺牲的精神；作为一名普通公民，我想发挥自己的价值，尽微薄的力量。"

患者至上，大爱无疆

当问及付老师学医的初衷是什么时，付老师回答："救死扶伤，传播仁爱。这个时代缺的不是完美的人，缺的是从心里给出的真心、正义、无畏和同情。"

"把患者放在首位"是付老师执业以来一直秉持的信念。众所周知，患癌病人经过长期反反复复地化疗、放疗、靶向等一系列治疗后都会身心俱疲，每次来院就诊总会惴惴不安、郁郁寡欢。"这时候，作为医生的我们，首先要做的是倾听，在倾听的同时想该患者的治疗方案；其次尽量做到安抚患者和家属的情绪，让其平静下来；最后再慢慢解释适合他的治疗方案。"付老师经常告诉我们，对于患者我们能做的是"有时去治愈，常常去帮助，总是去安慰"，尽量多一点耐心，尽自己最大的努力让患者开心，这样才会让病人获益良多，也能让原本紧张的医患关系得到缓解。

"患者至上，大爱无疆"在付老师身上体现得淋漓尽致，付老师是一个利他主义者，从未收受过任何红包，优先为患者考虑，给患者提供合适的建议。还记得那次，有位病人来院就诊，一上来就要求开昂贵的 PET-CT 检查，但付老师从自己专业的角度，耐心地和她解释：

"没必要做这么昂贵的检查，如果非要做，做 CT 检查即可。"当然，这位患者一开始没有妥协，交谈大约 20 分钟后，她才最终同意了付老师的建议，选择只做 CT 检查。

诸如上述的例子很多，也许这些在别人看来是不值得说的，如果偶尔一两次，确实不值一提，但付老师对待每一位病患都是如此，尽自己最大能力做到最好，不求回报，用最暖心的行动和话语温暖每一位患者。也正因如此，付老师深受患者的喜欢和夸赞，并在省立医院年度医德医风考核中多次被评定为优秀。

蒋凤仙

脚踏实地，方能破茧成蝶

——上海市胸科医院刘旭

专家介绍

刘旭，博士，主任医师，上海市胸科医院心内科副主任，上海交通大学房颤诊治中心主任，上海交通大学医学院兼职教授，博士研究生导师。兼任中国生物医学工程学会青年委员，上海市医学会心血管分会青年委员，上海市生物工程学会起搏与电生理学分会主委，《中华心律失常杂志》第三届编委会委员，《中国心脏起搏与心电生理杂志》委员、编委，中国医师协会委员，《中国介入心脏病学杂志》编委。荣获上海市银蛇奖提名奖、2010年上海医学科技奖一等奖。

人的生命只有一次，不可复制

刘旭来自一个"医学之家"，他的母亲是当地有名的妇产科医生，父亲曾任当地卫生局副局长，家里的两个哥哥也都是医生。父亲从小就告诉他：无论什么年代，医生总是有饭吃、有活干的。刘旭的妈妈是助产师，在记忆中，妈妈常带着年幼的他去上夜班，产妇生产时，四五岁的他会和妈妈一起给产妇喊"加油"。这些如今的孩子们没有机会看到的画面给儿时的刘旭留下了太深刻的印象，忙碌的手术现场、来回穿梭的白大褂、奋力生产的准妈妈、头顶的无影灯……也许正是这些深深刻在脑海中的儿时记忆，让刘旭选择了医生这份职业。

医生这份工作并不简单，它需要的是重如泰山的责任心。刘旭说："人的生命只有一次，是不可复制的。"因此，每一次治疗都需要竭尽全力，保障患者的生命和健康。医生是一份需要耐得住寂寞的职业，学习、科研、临床实践，需要长久的钻研和探索。刘旭说，面对不同的环境和更多的机会，能够始终坚定自己的从医志愿，才弥足珍贵。

被问到从医经历中最难忘的人和事时，他沉思良久，却只说："每一件都很难忘啊。"即使不记得病人的姓名，但他们的化验数据、病历信息、手术情况都印在他的脑海中。对于那些千里迢迢来到上海就诊的外地病人，刘旭希望让他们感受到家一样的温暖。我们在他的科室中看见他为患者编写的《心房颤动导管消融患者手册》，房颤中心还专门开设了供患者咨询的"我要看心脏病"网站，从这些事情上，我们能够看到这个以刘旭为中心的团队对病人的关心。

读完两年生物学、化学的医学预科，学习一年半生理、病理和药理学等基础医学，结束诊断学、内科学、外科学等专业课程后，又到医院实习，以及做毕业科研课题——刘旭完成了近60门课程，并在老师手把手的教导下学会了"望触叩听"、做实验、写病历。

心跳嗵嗵嗵。心脏维持着生命的运行。生理实验课上，刘旭第一次拿起听诊器听自己的心音时，整个人都被震撼了，听了许久，从左房室瓣（二尖瓣）听到右房室瓣（三尖瓣）听到主动脉瓣又听到肺动脉瓣，始终觉得好神奇。他感受到人真是个神奇的存在。本科阶段，刘旭对心内科产生了极大的兴趣，这也促使他之后选择了心脏的房颤介入作为一生的研究方向。心脏的解剖及电生理学起来难度大，刘旭为了掌握知识，废寝忘食。他立志不仅要学习房颤介入治疗还要有所创新和提高，争取走在专业的前列。

▊ 8公斤重的铅衣，穿着站一天

刘旭获得上海医学科技一等奖的课题是"心房颤动发生与维持机制及导管消融的临床应用研究"。这项技术治疗房颤创伤小、效果可靠、见效快。在中国，房颤是一种常见的疾病，发病人数多达千万，通常采用药物治疗，但效果一般且副作用较多，刘旭这项微创技术已经造福了许许多多被房颤病痛折磨的患者。

刘旭分析，目前治疗房颤主要有两种方法：一种是药物治疗，主要是用抗心律失常的药物，但患者必须了解，药物的作用主要是减慢心率，缓解心慌症状，而不能根治；第二种治疗方法，也是根治方法，就是导管消融术。部分患者听到医生讲房颤要通过消融术治疗就会感到害怕。"宁愿吃药，不愿意选择手术，这是很多患者延误治疗的通病，非常可惜。"刘旭又解释，"这背后的主要原因还是患者对消融术不了解。房颤导管消融术是一种微创治疗手术，医生将一根直径2毫米的导管通过股静脉沿着血管循着血液循环到达心脏，对心脏的异位兴奋灶进行消除，手术结束后再把导管撤出，不留任何东西在心脏内。这项技术相当于心血管内科领域的珠峰峰顶，其治疗效果不仅超出患者的想象，也超出医生的想象。"

刘旭主持的胸科医院房颤中心，目前完成房颤消融近3万例，在全国领先。这些病例中，95% 的阵发性房颤患者、80% 的持续性房颤患者术后与房颤告别。相对于阵发性房颤，持续性房颤病情更重，发生心力衰竭和脑梗死的概率更大。怎样提高持续性房颤导管消融的一次成功率？刘旭再度向高峰发起挑战，带领团队潜心研究，在国际上3 万例房颤导管消融这一较大的病例群中凝炼出更为先进的理念——房颤转子消融。房颤转子是近年国际上房颤领域的热点，目前被认为是产生持续性房颤的关键病灶。刘旭率先在国内引入这一理念并提出了"房颤转子—胸科标测方法学"，通过明确病灶位置，运用新的标测技术，更精准地实施射频消融术。心内膜联合心外膜消融术一项是十分复杂的房颤治疗策略，该技术可以突破单纯心外膜或心内膜消融的局限，就像在心脏的"内墙"和"外墙"上同时搜寻目标病灶，让"坏家伙"无所遁形。相关研究成果已发表在国际知名杂志，同行医院纷纷效仿，刘旭也被誉为中国房颤转子消融第一人。

众所周知，心脏是维持生命最重要的器官，也是人体内最复杂的器官之一。刘旭的技术则是心脏介入治疗方面最复杂的技术。这项研究不仅对知识的要求十分全面，对身体的考验更是严峻。微创手术虽然有一定的辐射，但是普通患者只经历一次，并不会造成伤害。但旭师和他的团队从事研究，需要时刻处在辐射中，会对健康造成很大伤害。为了防辐射，他们每天都要穿着 8 公斤重的铅衣站上一天，有时还要加班。刘旭说，为了攻克这个难题，他们这个团队花了 15 年。15 年，数千个日日夜夜，背着沉重的铅衣，无论是谁都会被压弯了腰。但当他提及这 15 年的艰辛时，只是笑着对我们说："钢铁就是这样炼成的！"殊不知这笑容背后，有过怎样不为人知的辛劳。为了医学事业，刘旭做出的牺牲不仅仅只有这些。说起孩子，刘旭没有普通家长的滔滔不绝，脸上露出了一丝愧疚的神色，他说自己从没参加过孩子的家长会，从小学、初中，到高中，十几年的时间，繁忙的科研工作占据了那些原本属于天伦之乐的幸福时光。从刘旭那一丝不愿流露太多的愧疚中，我体会到他作为一个父亲的心，孩子的成长过程在所有父母眼中都弥足珍贵，错过了便是错过了，他将这些错过都化为了对医学的投入。

脚踏实地，才能化茧成蝶

作为博士生导师，刘旭对于学生有自己的要求和期望。他强调："医生要重视读书和实际工作，光写论文不行，写论文是必要的，但只写论文、不看病，不会长知识。只有实践，你才能长知识。面对病人，你既是医生也是家属，是医生，得给病人看病，是家属，得给病人拿主意。医生得敢担当，这是非常不容易的。你敢担当，就必须有实际的工作经验。心脏介入是这样的，天天看，看得多了，规律就出来了，但你看两三年，光写论文也是纸上谈兵，没有实际操作经验，不能真正学到东西，还得回去。没有实践，不是好医生；不会写论文，也不是好医生。所以说，当医生是非常辛苦的。医生的态度也很重要，没有好的态度是学不成医的。你要非常认真，别人看一遍，你看三遍，这就忘不了，这是很大的工作量。另外，在临床实践中要搞清楚，看一个病，要明白这到底是什么病，最终会有什么结果，能不能治，这一点非常重要。"

刘旭注重培养学生自主学习以及终身学习的能力。学生要在老师教课的基础上，学会课外延伸，另外，在大学里不再有老师督促学习，所以自主学习显得尤为重要，它直接决定了大学生的学习效果。而且，由于医学专业的特殊性，好多知识的定义是随着社会的发展而不断完善的，这就要求我们自己去学习、完善，同时要终身学习，"活到老，学到老"，不断地学习，不断地完善自我，学会享受学习。而且，要学会培养自己的批判性思维，学会挑战权威，学会质疑，这样才会有进步。在学习的道路上永远没有终点，作为医生要保持持续学习的习惯，对于本专业前沿知识的学习不能懈怠。

作为医生，要拥有高尚的医德，高尚的医德和出色的学术能力同样重要。唯有这样，学生才能在日后的学习中成长为一名合格并且出色的医生。刘旭感慨，当今的医疗环境多少有些功利和浮躁，因此才更加需要能够一步一个脚印、热爱这个职业、愿意为患者的康复、愿意为医学的发展贡献力量的医学人才。刘旭在课上的医德教育让我感受很深，他说："最近好多医患关系不愉快的案例不断地被报道，我分析原因，除了患者的不理智以外，医生有很大的责任！患者经受病魔的折磨，本来心情就很不好，医生应该是作为一个安慰者，而不是一个责怪者，关心病人、体贴病人、理解病人才是一个医生应该做的。"我记得刘老师还说过，"看病"应该看病人，看病人就应该理解病人的心理，要真正从心理方面根治疾病。我相信，如果每个医生都怀着一颗仁心，用心去看病人，医患纠纷会减少，甚至消失！"我们都是凡人，只有脚踏实地地做些事情，才能由量变达到质变，最终化茧成蝶。"

王雅娟

学以去疾，德以扬善

——上海市东方医院刘庆华

专家介绍

刘庆华，复旦大学医学博士，上海市东方医院（同济大学附属医院）呼吸内科主任医师，副教授，硕士生导师，美国约翰霍普金斯医院访问学者，曾担任山东省立医院内镜中心副主任，擅长肺部感染、胸膜疾病（胸腔积液和气胸）、呼吸疑难危重症救治和呼吸内镜介入诊疗技术。2013 年创立了山东省呼吸疾病介入医师协会呼吸分会，担任常务副主任委员职务，随后相继成立了青年委员会和基层委员会，均担任主任委员职务，有力地推动了省内外呼吸介入技术的发展。2018 年 10 月，协助和带领团队创办配有 23 张床位的上海市东方医院呼吸重症监护室，形成了呼吸内镜与呼吸

危重症有机结合、精准施治的专业特色，成功救治呼吸危重症患者近 700 人次 / 年、完成呼吸内镜 600 余例 / 年。目前兼任中华医学会呼吸分会全国青年委员、中华医学会呼吸会呼吸病学分会感染学组全国委员、中国医师协会呼吸内镜专业委员会委员、海峡两岸医药卫生交流协会海西医药卫生发展中心介入呼吸病学专业委员会常委、中国抗癌协会肿瘤介入专业委员会呼吸内镜分会青年学组青年委员等职务。

我的老师刘庆华，一位普通的医务工作者，平凡而伟大。

刘老师出生在菏泽一个偏远的农村，踏上医学的道路，是偶然，但也不是偶然。农村的生活，面朝黄土背朝天，这不是刘老师想要的，因此，她从小就立志改变，过上自己想要的生活。偶然间，因为一位亲戚的生病，让她产生了学医的想法。老师从小勤奋努力，学习成绩优秀，高考时以优异的成绩考入当时的山东医学院（现并入山东大学）。在校期间，老师勤奋努力，对自己要求严格，经常背书到深夜，努力通篇背诵一本本厚厚的教科书。努力总会有收获，但有的时候这份收获不能令自己百分之百满意，因此，老师便又踏上努力的道路，为自己寻一个满意的答案。老师的努力为自己赢得了那仅有的保研资格，但因为保送的专业不符合自己做医生的理想而选择了放弃，她坚信自己有能力考上梦想的专业，实现自己的医生梦想。可谁知，第一次考研竟然落榜。当时的农村家庭，供出一个大学生很困难，再没有余力支持老师二次考研，因此，老师选择边工作边备考。医院不给分配宿舍，当时身上仅有三百块钱的老师犯了难，幸而老师的一位远房亲戚，暂时缓解了老师的艰难处境，但长期借住也不是办法，老师多次去跟院长沟通。老师的坚持以及工作上的优异表现终于打动了院长，获得了一个跟护士同住的床位。自此，老师更加勤奋努力，更是经常复习到深夜，而且工作上也没有一丝一毫的懈怠，查房前总是先把每个病例情况熟背于心，工作上的学习机会总是尽一切努力争取，院里大大小小的考试也总能取得优异的成绩。工作上很出色，考研成绩同样出色，终于，异于常人的努力收获了满意的答卷，老师考上了自己满意的专业。老师并没有像那个年代的大多数人一样，选择半工半读的在职研究生，而是选择了全日制。老师格外珍惜来之不易的校园生活，白天在临床轮转跟诊，夜晚翻阅文献，奋笔疾书，三年硕士研究生的时间，老师获得了很多荣誉称号，也拿到了大大小小的各种奖学金，最后以优秀毕业生的身份完美毕业。

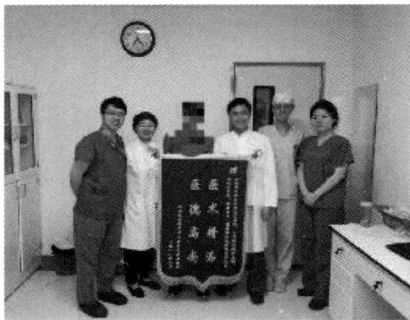

时间总是在不停地流转，三年的硕士研究生生活很快结束，老师选择继续求学，每一步都在为迈向梦想而努力，每一步都铿锵有力。这次老师没有选择继续留在待了八年的济南，而是奔赴上海的复旦大学。但这次的求学过程也不是那么顺利，虽然老师的初试成绩第一，并且甩开第二名四十多分，但老师选择的那位导师并不打算收她，因为那仅有的一个名额已经留给了本校的一位学生。想想备考期间的辛酸，家人那么多年的支持，以及自己那么优异的初试成绩，怎么能轻言放弃呢？在当时，没有方便的电子通信设备，也没有发达的交通条件，以及没有提前联系好导师的情况下，老师选择去上海见一面导师。这件事情真的很难，但老师做到了，过程很不容易。老师连着好几天在导师工作的地方从早等到晚，才终于见到导师，向其说明来意，表明决心，说导师如果不相信她的能力她可以再考一次，也相信上海是一个可以给每个前来奋斗的年轻人公平的地方。最后，老师的这种精神打动了那位导师。

博士的生活很艰苦，不仅有临床的压力，科研的压力更大。即使在这样大的压力之下，因为上海的高消费，老师还找到研究生处给自己安排了一个勤工助学的岗位。因为生活拮据，舍友之间的聚餐她从来没有参加过，只是偶尔从食堂买一份十六块钱的涮牛肉改善一下生活，而这份牛肉也是跟舍友拼单买的。但是，当时的老师从来没有因为自己的家庭条件不好而自卑过，而是一心扑在学习上。令老师印象很深的一件事，是有一年八月十五中秋节的时候，因为舍不得回家的路费，也没有什么地方可以去，老师依旧选择在教学楼前的树下背书，恰好遇到学校的一位老教授，教授夸赞老师刻苦努力，并且给了她一块月饼。老师记得那块月饼很好吃，夜晚的景色也变得格外秀丽。

老师不断地拼搏努力，在兼顾临床的同时，科研上也不松懈，到博士毕业，老师共发表了九篇文章，其中一篇SCI硬是写了好几年，因为当时还没有现在这么强大的电子翻译软件，所以只能自己摸索着，一字一句地查字典，功夫不负有心人，最终论文顺利发表。在老师的字典里，从来都没有"放弃"这个词语，不会的东西就一点点学，字典也可以通篇背下来，只是为了实现那个做时代好医生的梦想。老师的博士生涯顺利结束，后又到美国求学，拜谒世界级呼吸介入专家Ko-Pen Wang（王国本）老师。在那个年代，一个从农村家庭走出来的小姑娘，经过自己不懈的努力，走到这一步，其间经历的困难、付出的努力可想而知。

坚守梦想，善良为本，做好每一件事，做精一个领域。坚持学习和更新专业理论以助安身，竭尽全力钻研各种实践技能以助立业，潜心修行先生近佛之德行以助寻根本。读的是知识，行的是专业，做的是人生。在这样的信仰下，老师坚信任何困难都算不了什么。

毕业后，老师选择了回到山东，任职于山东省立医院。难忘2011

年的 3 月 1 日，从这一天开始，老师的大部分精力开始从省立医院老院区转投入东院区。每天，从家到东院区上班至少要奔波两个小时。此时的东院才正式开业不久，还不被公众认可，医院周围仍然处于荒芜的待开发状态。看着这片静悄悄的院落和病房，老师和另一位教授准备一起撸起袖子开发这片 "处女地"。那个时候，科室人手少，病房有 44 张普通床位和 6 张准监护室床位，但只有 4 名医生，老师和同事几乎没日没夜地干，门诊、病房、气管镜室、手术室……没什么休息时间，吃饭更是随意扒拉两口或者直接忘记吃。老师因这样废寝忘食地干，最终留下了胃痛的毛病。上兵伐谋，老师慢慢认识到这样的疲惫战术不可能改变他们的未来，这也不是老师想要的医疗模式，也不能像她设想的一样推动医疗卫生事业的发展，造福一方百姓。必须想办法开展新技术，创建特色，想办法加强基层医疗队伍建设和人才培养，只有这样才可能真正实现造福一方百姓的愿望。经过两年多的努力，2013 年 5 月，东院发起并成立了全国首家医师协会呼吸介入医师分会。全省有了这样一支志同道合的队伍，大家通力合作，开展技术交流和研究合作，无疑加速了全省呼吸介入医疗技术的推广，加速

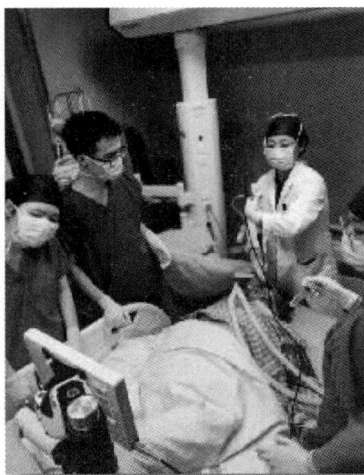

了省内呼吸介入与全国先进地区乃至国际的接轨，让省内老百姓免去了千里奔波的痛苦，可以就近享受高质量的医疗服务。随后，相继成立了青年委员会和基层委员会……一路走来，回忆里满是笑和泪。感谢各种困难和经历，老师从来都认为困难是人生最好的学校，经历也将成为人生最好的财富。

青春意味着汗水，青春意味着拼搏，尽最大努力就好。2018 年 8 月，

老师决定重返上海，热血沸腾地来到了同济大学附属东方医院（上海市东方医院）呼吸科，跟随呼吸介入专家李强教授。40多岁的年龄，老师开始了人生的第二次创业，努力做一个新时代的优秀呼吸人。来到东方医院两个月后，在李强教授带领下，顺应王辰院士对PCCM（呼吸与危重症）学科建设要求，开始组建崭新的呼吸ICU（重症监护病房）。新组建的RICU（呼吸重症监护病房）有20多张床位，最初只有三名医生。之前老师把更多的精力放在呼吸内镜介入和普通病房疑难危重患者的管理上，而近些年危重医学发展迅猛，所以老师认为必须迅速提升自己。空余时间老师去有经验的地方取经，研读危重医学相关进展情况，充分发挥个人在呼吸内镜和肺部感染诊治领域的优势，大胆尝试和推广呼吸内镜介入技术与呼吸危重医学的恰当结合，满足当下患者的诊疗要求，在这块崭新的沃土上，寻找新的发展契机。万事开头难，贵在坚持，只要功夫深，铁杵磨成针。短短的10个多月，患者从无到有，病床从空到满，老师获得了无数的表扬信、锦旗，获得了一次又一次的上海市民热线提名表扬。老师看着一个又一个病人满怀感激地离开，一种压抑不住的幸福感在内心深处荡漾。

不想辜负家人支持，不想辜负"学以去疾，德以扬善，做时代好医生"的梦想，老师时刻反省自己的所言所行。在负责RICU的这些日子里，再一次频繁地面对生死，老师越来越喜欢充满人文的医疗模式，也再一次认真审视一直以来追求的好医生梦想。何为好医生？每个人都有自己的定义。对老师而言，善良为本。先人的智言：医者，仁者之术，人之痛，己之痛。老师愿用自己的善良去感化更多的人，努力做真正有温度的好医生。记得那天，一位70多岁的老人，因为反复肺部感染辗转于多家医院，病情仍在不断恶化，被送到老师所在医院的RICU。入院当日，老师一眼就可以看得出来老人内心的无助以及因长期生病四处求医身体仍每况愈下的绝望。她看着老师，呼吸

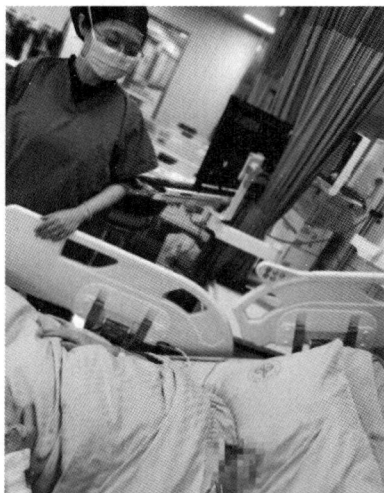

困难，连张嘴说话都显得毫无气力。老师详细询问后，知道她长期以来一个人生活，丈夫已经过世多年，孩子是一个科学工作者，远在异国，尽管生病的这些日子里对孩子很是思念，但她还是选择了一个人默默承受。了解了她的情况后，老师给其他医生以及全体护理人员也做了全面交代。老师和同事把买好的基本生活用品送到她床前，握着她的手，告诉她这里的每一个人都可以做她的孩子，让她放心，床位护士每天都会陪在床前帮她排除各种疑虑。治疗过程中，老师和同事果断采取了呼吸内镜介入的手段和现代诊断技术，最终为她明确病因。经过精心诊治，患者病情开始好转，便要求出院，老师和她慢慢沟通后，得知她主要是担心医疗费用。老师说："我帮你查过费用了，没花多少钱，等病情控制平稳了，我们会安排你出院的。"一句话让患者紧锁的眉头渐渐舒展开来。出院时，患者手中的钱还有结余，她看着账单和结余出来的钱，满眼含泪，对老师及同事不停地深深作揖致谢。

老师说："我热爱我的职业，并把它视为一个读书人梦想的事业。我为自己有能力救护生命感到幸福。人们常说'救人一命，胜造七级浮屠'，我几乎每天都在竭尽全力地'救人性命'，这是一件多么值得骄傲和尊重的事情啊！如果还有来生，我依然会义无反顾地选择做医生，去疾扬善，'为天地立心，为生民立命，为往圣继绝学，为万世开太平'，努力追求'心近佛、技近仙'，骄傲地救护生命。"

闫娜

不忘初心，向阳而生

——山东中医药大学第二附属医院邢姗姗

除了每天查房和治疗病患，邢老师还参与指导教学查房、病例讨论、周末专家门诊、全院心内科会诊处理疑难杂症……几乎在医院各处都可以见到邢老师的身影。她不仅是一位优秀的医生，也是一位优秀的

教育工作者。因为邢老师也是学校内科教研室的教授，所以经常往返于医院与学校之间，为中医、中西医结合、针推、临床医学及眼视光医学专业的学生主讲"西医诊断学""西医内科学""PBL案例教学"等课程，献身医学教育事业，培养出了一批又一批优秀的医学生。"我的世界里没有白天和黑夜之分，只要有一丝的希望我都将全力以赴"，这是她心中的信仰。我们的邢老师就这样，在科室里奋战，在讲台上耕耘，十余年如一日。

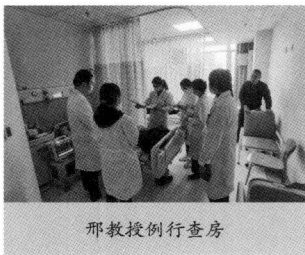

邢教授例行查房　　邢教授为同学讲解知识点　　邢教授参加全国教学比赛获优秀奖

常有人说，医生是以"凡人之躯，比肩神明"。但其实医生这近乎被神话的角色与每一位坚守岗位建设祖国的螺丝钉一样，只是以凡人之躯托起生命之重。

▍看着父亲的背影长大

邢老师的父亲也是一名心内科医生，这或许便是邢老师日后与医生这个职业结下不解之缘的原因。

20世纪80年代，在邢老师两三岁的时候，父亲带回来一台唱片机。那时邓丽君的歌曲风靡一时，寻常人家的唱片机里尽是邓丽君浪漫抒情的歌声，但邢老师家中的唱片机却与众不同，厚重的木匣上承载的是生命之音，漂亮的喇叭里终日播放的是单调而枯燥的心脏杂音。

那时尚年幼的邢老师还不明白这些特殊"音律"背后的含义，只觉得饶有兴趣，现在邢老师回想起来，笑称："当时那隆隆隆像火车头一样的声音，四十年过去了，我还记忆犹新。"一组组"心脏跳动"的韵律日复一日回荡在房间里，轻轻划过邢老师的耳边，彻底刻入她记忆的深处，成为她日后行医深深的眷恋。

邢老师的父亲，是一个不断进取、精益求精的人，除了整日播放心脏杂音以外，还经常俯首案头，废寝忘食，一遍又一遍整理翻阅医学书籍。"父亲永远坐在案前，背对着我，读书或者写字。"在幼时的邢老师记忆里，父亲的背影清晰又深刻。

年少的邢老师也偶尔顽皮。她会留恋父亲下班带回来的美味包子，也会在父亲记满笔记的本子上悄悄画完猪八戒后捂嘴偷乐，但更多的时候，她喜欢在父亲的笔记旁，一笔一画仿着父亲的字迹学写字，"像父亲一样"，她想。那时的她可能还不懂作为医生的父亲为何总是如此忙碌，读不懂父亲总是匆匆忙忙的背影，却已然将父亲当作榜样，一颗小小的种子在心间生根发芽：她想要成为父亲那般的人。

在父亲忙碌的背影后面，邢老师也曾抱怨过，但是随着慢慢成长，从青涩懵懂到独当一面，从不理解到细细品味父亲总是伏案疾书的背影，她逐渐理解了唱片机所播放旋律的含义，也理解了父亲忙碌的背影是为了挽救更多人的生命。

▌ 坚定学医，下苦功夫

从小耳濡目染，邢老师满怀对知识的渴望和对生命的敬畏。虽然父亲从未对她的学业提出过严厉的要求，但邢老师一直把父亲当做自己的榜样。"要成为父亲那样的人"，这个想法扎根在年少的邢老师心灵深处，慢慢从一颗种子长成参天大树。怀揣着这样的信念，她对自己要求极高，从不敢放松，一直保持着优异的学习成绩。时光飞逝，高考结束，她也迎来了选择人生道路的那一刻。她始终坚定如初，向父母提出了学医的想法。

父亲深知当一名医生的辛苦,但他并未反对女儿的选择。受家庭氛围的熏陶,女儿的选择也在父亲的预料之中。父亲很为女儿骄傲,他那行医的赤诚之心与救死扶伤的使命感得以传承。

于是,那个曾经抱怨父亲太忙的邢老师,走上了与父亲相同的道路,走进了父亲曾经就读的大学——山东大学,开启了自己的医学生生涯。

如果说邢老师最开始萌生学医的念头是出于对父亲的崇拜,那后来的坚守则是被治病救人的神圣事业所吸引。在忙碌的心内科医生岗位上兢兢业业十几年后,邢老师面对"当初选择医学是否后悔"这一提问时,回答依然十分坚定:"我不后悔!"

升入大学的邢老师依然没有放松自己的学业,一如从前努力刻苦。她在刷不完的题中找出重点,列思维导图框架找出课程相通之处,享受着思维碰撞的过程,逐渐丰富着精神生活。邢老师每天学习至少七八个小时,直至月亮高挂,才拖着疲惫的身躯回去休息。对医学的热忱可抵岁月的漫长,坚定的信念足以支撑前行的脚步。学医的过程并非一路坦途,但邢老师从未觉得苦,"时间就是生命,我总想做与时间赛跑的人",能学到真本事,任何付出都是值得的。学习没有诀窍,手上逐渐变厚的茧子见证了她一步步的成长。

邢教授博士毕业照

步入医院见习的时候,她离自己的梦想越来越近。

邢老师的见习生涯可谓一步一个脚印走出来的。"任何脏活累活,我都上。"她这样形容道。面对高强度的见习工作,邢老师从未喊累,反而将其视作学习各种临床操作的机会,倍感珍惜。如今,回想起那段见习经历,邢老师依然为自己当时"没有浪费学习的机会"而感到庆幸。

好学，乐学，善学，邢老师就这样在医学的道路上稳扎稳打，越走越远。

■ 探索发现，敬畏生命

谈及科学研究，邢老师表示，做科研就要有"住进实验室"的决心，一定要尊重数据，尊重事实，而且邢老师特别强调要"尊重实验动物"。最后这短短六个字，往往被大部分人忽视，却给我们留下了深刻的印象。

那时候的邢老师还是学生，她在做实验研究的时候发现，绝大多数人在拿到实验小鼠时，会拎起小白鼠的尾巴"晃上几圈"，完全忽视小白鼠的尖叫，以为这一番操作后小鼠会变得更"安静"，从而方便抓取。实际上，这一操作给实验小鼠带来了极大的伤害，是非常不尊重实验动物的做法。

当意识到这种情况普遍存在后，年少的邢老师就与同伴一起查阅资料，探究对实验动物伤害最小化的方式，并在以后的实验过程中尽量对实验动物采用伤害最小化的处理方法。

自那时起，邢老师就特别注意保护实验动物，在自己的科研与教学过程中，也会对学生特别强调这一点，并希望更多研究者注重保护实验动物。"实验动物也是生命。尊重生命，敬畏生命，是做科学研究的前提和基础。"

■ 医患沟通，以人为本

学医的过程道阻且长，荆棘丛生，而医学生向医生的转变又是一个挑战。这样的转变离不开医患沟通这重要的一课。如今，医患关系因其特殊的属性被许多人关注，而频频发生的医患纠纷也使许多曾怀揣热情的医学生望而却步。当时的邢老师也差点因此而心生退意。

事情发生在邢老师初入临床工作的一天。那时她刚刚完成学业，迎来了第一次在医院实习的机会。多年的努力和期盼得到了回应，学习的知识终于有了用武之地，邢老师为自己能有机会帮助到病人而感到激动和由衷的开心。看向窗外，艳阳高照，百花竞开，她真希望病人都能痊愈，像花儿般绽放生命。她走在医院的走廊上，心中满是期待和雀跃。

这时，迎面走来了一位特殊的病人。

他的脸上布满红色的疹子，细看像是有银屑抖落在身上，脸色阴沉，状态非常不好。邢老师放缓步子，她并不确定病人得的是什么病，但她觉得作为医生，自己有责任也有义务去帮助每一位病人。片刻的犹豫过后，她快步走到病人面前，面带微笑，满怀热情地说道："我是刚来医院的实习生，若是您遇到问题可以来找我……"话音未落，那位病人狠狠地将她推倒在地，气冲冲地离开了。冰凉的地板和病人的怒气瞬间浇灭了她满腔的热情。

这件事情对邢老师造成了很大的冲击，她甚至对未来该如何面对患者产生了迷茫。随着与越来越多不同类型的患者接触，观察导师与患者的交流，她逐渐明白，自己一厢情愿认为对病人好是不行的，大多数病人不愿意被人用特殊的眼光看待，更不愿在公众场合被提起痛处。要从病人的角度出发，才能做到真正地尊重病人。

邢教授在科室疾行，左一为邢教授

据邢老师后来回忆，这件事发生在邢老师医生生涯的开始，对她来说是一堂非常珍贵的课，教会了她很多。"当时我太年轻了。经过这件事后我才真正明白，医学，先是人，然后才是病人。医学不是跟疾病打交道的科学，而是跟人打交道的科学。"

对每个病人的病情都了如指掌，把病人当作家人、朋友般相处，如今的邢老师早已能熟练地与病人沟通。"遇到困难不要轻易放弃，学会反思自己，检讨自己，这样才能进步。"正是怀着这样谦虚的心态，邢教授才得以克服学习路上的重重阻碍，完成了从医学生到医生的华丽蜕变。

▍▍不忘初心，向阳而生

邢教授永远在学习的路上。除了自省，邢教授也很喜欢品读成功人士的事迹，从优秀的人物身上汲取养分，学习经验。

玛莎·斯图尔特的精神就曾给邢教授留下了极为深刻的印象。玛莎·斯图尔特从白手起家到发展成美国著名的"家政女王"，之后虽不幸入狱，却也不曾放弃生活。她将卫生打理得井井有条，负责清洁的厕所总是干干净净，玛莎这样说道："我很享受，那个地方原本很脏，但我走的时候一尘不染，简直闪闪发亮！"

从医学生，到医生，只一字之差，背后却需要几十年，甚至是一辈子的努力和付出，这中间的曲折使得许多意志不坚定的人放弃了医学之路。即便是现在有所成就的邢教授也走过不少弯路，也有着许多宝贵的经验，可以跟后辈们分享。"玛莎的成功不是偶然。自律又善于学习，对生活满怀热情的人，在哪个位置上都能成功。"邢教授这样评价道。

当被问及对当代大学生的期待时，邢教授提出了以下几点：首先在学习方面，做到"技多不压身"。真正成功的人，不仅自己的专业技术过硬，生活中也有着很多的兴趣爱好。学习之余多学一门技能，掌握一门特长，多读书，既能陶冶情操，又能丰富自己。成绩固然重要，但综合素质也同样需要提高，就如同"木桶理论"，限制自己的往往是自己所不擅长的方面。因此，多学、广学，才能让大学生活不留遗憾。

其次，邢教授多次提到在大学阶段接受"挫折教育"的重要性。当今社会就业压力大，医生的培养周期长，医学生成长道路上难免受挫，很多时候往往因为缺乏抗挫能力丧失信心，放弃学医。实际上，我们在生活中偶尔受到挫折再正常不过，要以平常心对待，跌倒了就爬起来。邢教授提到，当她还是实习生时，也曾被护士长指责过穿隔离衣不标准，她及时改正，从此再没犯过类似的错误。及时反思自己，就能获得成长的机会。"明天总比今天更进步一些"。

除此之外，邢教授还专门提到大学生的课外运动问题，建议当代大学生在日常生活乃至以后的工作中，应当注重锻炼身体，养成运动的好习惯，身体才是一切的根本。

在采访的最后，邢教授寄语当代大学生：谁都有过青涩懵懂、慌张彷徨，大家都是这么一步一个脚印攀登医学高峰的。当你经历的足够多了，爬到某个节点，就会觉得曾经吃过的"苦"都不算苦。所以，当你感到"苦"的时候，千万不要放弃，这是黎明前的黑暗，挺过去，就是春暖花开。

"不要彷徨，不要慌张，听从初心，朝着奔走的方向一直前行。就算摔倒了，爬起来接着奔跑。"

冯舒琦　王心珂

披星戴月，只因心中敬佑

——同济大学附属东方医院胶州医院副院长韩松

韩松，男，汉族，青海西宁人，1969年7月出生，1987年考入青海医学院，研究生就读于潍坊医学院。现任同济大学附属东方医院胶州医院副院长，教授，主任医师。现任省医学会外科分会基层委员会副主任委员，省研究型医院协会腹腔镜肝胆委员会委员，青岛市二甲医院评审专家，青岛市普外科质控专家，胶州市政协委员等。获得胶州市拔尖人才、胶州市劳动模范、胶州市十大杰出青年、青岛市普外C类重点学科带头人等荣誉。

大学时期

长期以来，广大医务工作者弘扬佑护生命、救死扶伤、甘于奉献、大爱无疆的精神，为人民俯首，为生命护航。他们谱写的一曲曲大爱之歌，不仅温暖着每一位病人的心，更是引导着每一名医学生加入这支神圣的队伍。韩松的母亲是一名支边妇产科医生，母亲的工作对他的职业选择有深远的影响。他在报考大学志愿时曾想报考师范类高校或军校，但由于视力原因，最终选择了医学。他在大学本科期间就有了远大而明确的目标——成为一名出色的外科医生。

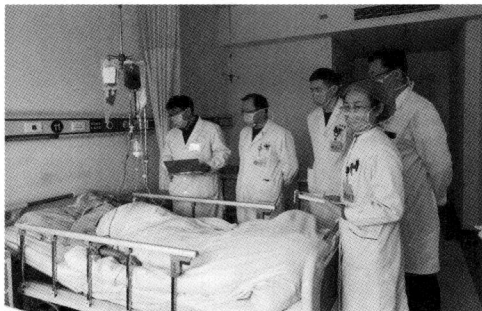

他在大学期间学习刻苦，获得过二等、三等奖学金若干。对于每一科专业课，他都怀着求知若渴的心情，秉承一丝不苟的态度认真学习。他曾经为了研究颅骨的结构，借学校的颅骨标本带回家，藏在床下，父亲收拾卫生时被吓了一跳。

大学时期，韩松注重体育锻炼，他认为，健康的体魄是医治他人的前提。他曾表示参加运动会长跑只是"玩玩"，却一不小心拿了第一名，被迫请全班同学吃雪糕。他文化课成绩优异，也为校田径队取得了不少荣誉。

韩松院长也介绍了一些大学趣事。他表示每一学年他都至少能拿到三等奖学金，唯有一年因为思想品德课的作业由母亲代写被老师发现而被取消了资格。从那之后，他便有了"心理阴影"，事无巨细都要自己动手，不再敢"偷奸耍滑"。

在别人眼中，青海医学院是一所小到可以评为世界最小学校的不起眼的学堂；但在他心中，青海医学院却是可以征服医学难题，护佑苍生百姓的知识殿堂。

"披星戴月，只因心中敬佑。"这是人们对医师职业状态的描述，也是对医者崇高精神的赞许。

韩松院长是腹腔镜手术方面的专家，在青岛胶州地区享有"韩一刀"的美称。曾有一位市长的母亲需要手术，但老太太已103岁高龄，没有医院敢收治。在四处寻医无果后，韩松答应为她进行手术。在大家都为老太太捏一把汗的时候，韩松成功完成了手术，从此享誉各地。

2003年，一名34岁的车祸病人入院。韩松院长为病人进行了胰腺及十二指肠的部分切除手术，而这种手术在当时是风险较大的。术后第三天，病人出现了消化道出血。此时另一位教授为病人进行了第二次手术，但最终病人不幸离世。在经历过这次打击之后，他及时反思并发现了当时大部分手术欠缺的重要经验。韩松院长戏称自己当时"年少轻狂"，没有全面考虑手术风险，导致手术过程中有部分错误。这场手术对他的触动非常大，也让他深刻意识到了手术经验的重要性。他惋惜地表示，如果当时在教授做第二场手术时敢于提出意见，或许那个病人还能活下来。医学虽然是人类健康的强大后盾，但也不是能治愈所有病人的魔法。一位外科医生的养成尚且需要无数场手术的磨练，医学整体进步的背后更是无数的牺牲与奉献。

2003年正月初五，一名军人因腹部外伤入院，经CT诊断并没有发现腹部异常。当时韩松建议对病人进行全面检查，但病人不以为意而没有接受。正月十五，患者出现腹痛，正月十六出现呼吸窘迫综合征。由于病人腹腔内有胆汁，大肠内有未排出的大便，无法进一步判断病情，他只能求助师父。无奈师父也没见过这种情况，他只能自己做出决定。当时情况危急，他清楚地记得那个病人很年轻，拉着他的手说"医生，我不想死"。年轻的韩松第一次遇到如此危重的病人，也是第一次体会到无法为病人解除痛苦的无奈。他半开玩笑地说，自己做完这台手术就要进法院了。幸运的是，病人的家属信任他，愿意让他冒险实施手术治疗，最终将病人从死亡边缘拉了回来。这次手术对他触动很大，也成为他教育医学生的一个必讲的故事。医学是一门不确定的科学。生与死，只有概率，没有定数。一般来说，风险和收益成正比。医生越是敢冒风险，患者的收益就越大。如果患者给予医生理解和信任，愿意跟医生共担风险"赌一把"，医生就会迎"险"而上，为患者赢得一线生机。但是，人体毕竟是一个"黑箱"。同样的方法、同样的药物，有人安然无恙，有人则会出现意外，这就是生命的复杂性和医学的风险性。面对复杂多变的病情，医生的决策永远不可能完美无缺。其中，既有客观因素，也有主观因素。也许，医生是一个最不应该出错的职业，但又是一个不可能不出错的职业。患者对医生最大的误解，就是把医生当成神。医学是爱的产物。医生之所以敢冒风险，既缘于对生命的敬畏，更缘于对人性善良的笃信。从理论上说，所有的医生都希望为患者解除病痛。当一个人生命垂危之时，最希望他活下来的，除了亲人，就是医生。如果患者不能理解这一点，就会伤害医生的情感。

在医患纠纷频繁的今天，越来越多的医生采取防御性医疗措施，以求避免纠纷和诉讼。例如，让病人做多余的检查、对高危病人进行转诊、故意选择难度低的手术、放弃风险大但价值高的治疗等。或许这样做的原因并不是他们医术不精，而是有太多的"前车之鉴"阻碍了他们救人心切的意愿，挫伤了他们敢于冒险的决心。就连许多德高望重的名医，也因为很多骇人听闻的医闹事件而奉劝年轻医生保守治疗，避免担责。如果善心总是得不到善报，医生自然就会把心包裹起来，变得冷漠而世故，宁可承认自己无能，放弃最优治疗方案，也不愿冒一点风险。因为只有这样，才能避免"躺枪"。

显然，防御性医疗是一种隐形的"冷暴力"，使本已脆弱的医患关系雪上加霜。在这场博弈中，医生未必是赢家，但患者肯定是最大的输家。医患是生命共同体，唯有信任，才能共赢。在医疗决策中，最难的永远不是技术，而是心灵默契。患者多一分信任，医生就会多一分冒险的勇气；患者多一分怀疑，医生就会多一分退避的顾虑。

如今随着科技的进步，越来越多的大病重病化为了可控的小病，疑难杂症变成了可治之症。据韩松院长介绍，现在的手术室已经可以全国联网，如果遇到困难，可以与名医实时联系，还有各科医学专家支招，进一步提升了疾病治愈率。

韩松刚入职跟随科室主任学习时，面临着资源少、条件差、任务重等多方面的困难。尽管如此，在科主任对韩松的悉心教导和严格要求下，韩松最终完成了时长半年的腹腔镜手术学习，并创造性地提出了小切口阑尾切除术，理论文章得以在《中华现代外科学杂志》发表。

就在2021年三十的晚上，韩松院长仍坚守在医院的岗位上，并收治了一名病人。由于外聘的科室主任回家过年，能做这种手术的只有他，在全国张灯结彩、阖家团圆的时候，他却在手术台旁忙活着2022年的第一场手术，错过了与父母、妻儿的年夜饭。

寄语后辈

在谈及想要对医学生说的话时，韩松院长毫不犹豫地说道："先做人后做医。"在他眼中，医德是一个医生决不可缺少的东西。医学是圣洁的，决不能与任何蛊惑和诱惑人心的杂念相混合。同时，他尤其强调了团队的重要性。手术也是一场没有硝烟的战争，不论是医生、护士还是患者，都是同一战线的战友，只有相互配合，互相理解，才能进行一场成功的手术。这不仅会治愈伤痛，也能洗涤心灵。

韩松院长回忆他在被评为胶州市十大杰出青年时，发表获奖感言说过的话，"选择学医就等于选择了牺牲和奉献，你没有节假日，也会照顾不上家庭"。更令我震惊的是，韩松院长肯定地对我说："从工作到现在，我一天职业假都没休过。"他唯一休过的是工作初的探亲假。学历不代表经历，眼前不代表未来。虽然韩松院长在大学时期的成绩并不耀眼，但他坚守着医学生的信仰，秉持着终身学习的信念，一步步成为一个大家离不开的手术台英雄。

当谈及学医的方法时，韩松院长强调了勤奋的重要性。他向我介绍了他的一位学生，本科大学并不优秀，但是动手能力强，且勤奋肯吃苦。仅仅是一个打结，就要练成千上万次。他曾代表东方附院胶州医院参加全国临床技能大赛并获得个人二等奖、团体三等奖，是无数医学生的榜样。

他真诚地告诫我们，选择了医学，就等于选择了奉献与风险，决定了苦难与忘我；选择了医学，就等于放弃了享受和利益，冷落了亲情与家庭。目前，医生职业的吸引力不够，是一个不可避免的客观事实。据调查，有 66.9% 的被调查医师认为自己的付出与收入不成正比；繁

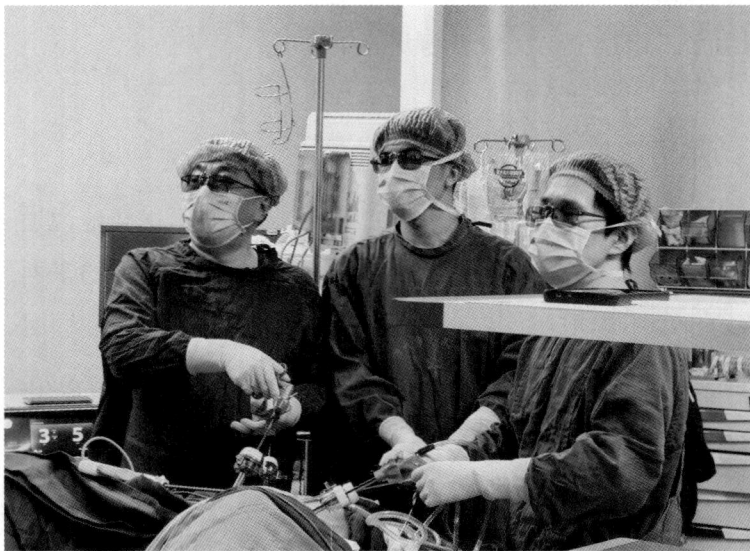

忙的工作与巨大的压力，也让不少医生选择跳槽……这些现象值得我们反思，营造全社会尊医重卫的氛围，不只要提升职业的含金量，更重要的是提升全行业的荣誉感、成就感。而对于医疗行业工作者，我们也不能过于吹毛求疵，盲目改革，更应让真正学医、懂医的管理者保护医生的切实利益，为患者提供更好的医疗环境。

　　医务工作者用使命兑现诺言，以责任回应患者期待，是一个值得尊敬、应该爱护的群体。2018 年 8 月 19 日是我国第一个中国医师节，体现了以习近平同志为核心的党中央对 1100 多万卫生与健康工作者的关怀与肯定，也充分体现了党中央对全国人民健康的高度重视。正如习近平总书记所说："你们的事业是最高尚、最神圣的。"尊重医生，就是尊重生命，也是守护我们每个人的幸福生活。

　　"同样都是一辈子，别人选择名与利，而我选择做生命的最后一道防线。"韩松院长的话不禁让医学生回想起自己的宣言：健康所系，性命相托。这份责任与自豪，将会是我们每一名医学生坚守在病房里的动力，将会是每一名白衣战士对人民的保证。

陈亚飞

传承中医精神，攀登医学高峰

——兖矿新里程总医院副院长殷晓轩

专家介绍

　　殷晓轩，男，1970 年出生，医学博士，主任医师，兖矿新里程总医院副院长，硕士研究生导师。擅长运用中医、中西医结合方法治疗肝胆系统疾病；对于临床内、外、妇、儿等学科疑难杂病有独特的诊疗；灵活运用催眠等心理治疗方法治疗神经精神性疾病；在中医治未病领域有着丰富的临床经验。撰写学术论文十余篇，获医学技术专利 2 项，参与撰写专著 3 部；参与完成了省级"十五""十一五"规划科研课题，并获山东省科技进步二等奖、三等奖；参与"十一五"科技重大专项研究，以主要研究者身份参与兖矿集团立项科研课题 2 项。现被聘为山东中医药学会肝病专业

委员会委员、山东中西医结合学会肝病专业委员会委员、山东中西医结合学会康复专业委员会委员、山东中西医结合学会心理学专业委员会委员、《中华临床医学杂志》常务编委等。

无论什么时候，当你来到他身边，总会看到他温和的笑脸、关切的目光；即使他已经满脸倦容，但面对前来就诊的患者，始终是耐心问询、体察细微；冬天，他会用双手将听诊器暖热，再为患者听诊；面对老人，他更是亲自走上前搀扶……他就是本文主人公——兖矿新里程总医院副院长殷晓轩。

殷晓轩教授恪守"大医精诚"的理念行医多年，行医期间不慕名利、德艺双馨，始终围绕"医德为术，病人至上"的行医准则，在临床、科研上建树颇多。殷教授不仅医术高明，还是健康的传播者，积极践行国务院印发的关于实施健康中国行动的意见，独创"健康十项""打坐密旨""双膝拍打法"，更好地为人民大众普及健康理念，传播健康知识。

这位仁心仁术的医生又有着怎样的故事？下面我们跟随殷教授一起回忆他的医学生涯。

——给自己一双自由翱翔的翅膀，从此去寻找脑海里曾经出现过的梦想。

伏案学医，虽艰苦，亦坚持

小时候就医的经历让我感受到医学是一门复杂且令人敬畏的学科，有着它特有的魅力与价值。那时候对学医没怎么认真地想过，直到高三那年，班里开了个联欢晚会，老师询问大家上大学以后想学的专业及今后的人生选择与方向，从小在心底埋藏着的对医生的憧憬与向往便涌上心头，那时我就站起来大声说："我想当一名医生。"

我带着曾经无限的憧憬与梦想进入大学的殿堂，正式开始了医学的学习生涯，携着那份年少轻狂在山东中医药大学追梦、逐梦。大学第一天留给我的印象是最深刻的，看着大得走不到尽头的校园，整齐庄严的建筑，我顿时心情澎湃，充满激情。然而几周后那份激情却荡然无存，随之而来的是安全感的极度缺失以及孤独感的倍增。远离家乡，只身来到陌生的城市，学业的繁忙加上高考之后的放纵不羁使我感到力不从心。每当想要好好努力时却总是因为聚餐、逛街这些享乐的事而一次次把自己迈了半步的脚又收了回去。曾经的我也试着改变，每天都日出而作，日落而息，但考试成绩依旧不尽如人意，甚至还不如学习时间不如我多的同学，那时的我迷茫了，犹如走在沙漠中一般，炽热的风吹来漫天的沙粒，铺天盖地而深不可测，来时的路呢？是丢弃了我还是被我抛弃？那远处的一片绿洲，却又

殷老师与笔者的合影

缥缈得像海市蜃楼。我开始学着慢慢改变自己，带着刚成年的那份稚气独自面对这些事情，每一个人都是独立的个体，我们有自己的思维与想法，也要发现自己的优点，从今天起，待到春风暖阳归来，走向一个全新的自己。

"光明就在我们面前，只要你能挨住痛苦，走过重重黑暗，你的负担将变成礼物，你受过的苦将照亮你的路。"夜深人静，独坐亭中，慢慢思考，或许我应该改变原来的浮躁，以不同的角度来审视自己，给予自己更大的发展空间。于是我报名参加了学生会，学生会给我的历练还是很大的。第一次在讲台上做汇报，才发现平日还算清晰的口齿竟然结巴起来，不到一百字的汇报，几乎要用尽全身力气，一字一顿，头也不抬地念着桌上之前背得滚瓜烂熟的讲稿。后来我渐渐得到了师哥师姐的认可，得到更多的发言机会，慢慢不再那么恐惧那个舞台，心态变得更加从容，做事也更加稳重，弥补了自己这些方面的短板，增强和提升了毕业后与社会实践连接的能力。说实在的，现在不少大学生，其社交活动能力不能适应现代社会发展的需求，有的大学生在校看起来不错，但一出校门却变得不知所措。

我记忆犹新的是大学里参加的各种活动，记得参加了一个朗诵活动，由于本科学的是日语，参赛老师不小心把我分到英语那一组，束手无策的我只好坦然面对，幸好高中英语水平还不错，顺利地完成了比赛，还获得了不错的成绩。当时我就感悟到我们在学习语言时，学哪国的语言并不重要，它只是一种工具，一种交流的基础，重要的是国际之间的交融，是把一些学识通过这一系列的语言门类加以传播。除此之外，我还参加了一些实践活动，有的师哥师姐会在大学里的药铺现场教学，我们就三五个小伙伴一起去听讲，有时还会拿着课本去那里一一比对中草药。就这样，我们在生活中学习，在实践中感悟，更好地把学习融入娱乐中。从前自身的社交能力、语言表达能力、沟

传承中医精神，攀登医学高峰

通协调能力比较差，积极参加这些活动后，锻炼了自我，实现德智体美劳全面发展。一开始，我还担心参加学校组织的活动会影响学习，事实证明我的想法是多余的。据我观察，成绩的好坏，与积极参加班里、学校的活动关系真不大，原来的我死啃书本，成天抱着书看似很努力，成绩也没有特别好，但自从我转变了学习方式，寓教于乐，有意识地锻造自己的参与意识，增强团队观念、集体观念，陶冶健康、乐观、向上的情操，树立正确的三观后，我的成绩就突飞猛进。

　　时光在流逝，万物在更新，我们也在成长。岁月是那么公平，从不多给人一秒，相反也不会少给人一秒。转眼间我来到忙碌而充实的大四。这一年我带队到江苏省中医院实习，在那里我写了三百多份大病历。虽然当时感觉写病历很麻烦，但作为医学生，首先要面对一个个鲜活的生命，其复杂性和不确定性远远超出我们的预料，而且以后作为医生，每天都要诊断不少病人，如果没有规范的记录，就无法证明自己的责任。其次，把大病历写完就是我们思考的一个过程，以后给病人看病时你会发现，看病的思路其实就是写大病历的思路，把大病历写好了，看病自然水到渠成。在实习的过程中，还要积极准备研究生考试，备考就如在黑屋子里洗衣服，你不知道洗干净没有，只能一遍一遍去洗，有时候迟迟看不到自己努力的成果，有时候被忽高忽低的分数折磨，有时候发现自己错过的题又错了第二遍甚至第三遍，前面是绝路，希望在转角，梦在心中，路在脚下。虽然备考路上充满挫折，荆棘密布，但这不是我们后退的理由，那些受过的苦与痛成为过去式的时候，你对过去就会释然，所以我相信只要你对未来有梦想，并且踏踏实实地走过为将来奋斗的路，你会收获很多。功夫不负有心人，原来在学院排名中上等的我，经过认真复习备考后，最终在三百多名毕业生中排名第二十七位，当时我就由衷地感慨：吃苦和成绩永远都成正比，你现在多用一点点功夫，以后考研就会轻松一点，现在玩的时间越多以后就越辛苦，勤能补拙、天道酬勤，这是古人大智慧所总结出来的结果。

考研上岸后就开始研究生的学习了，也是在这个时候，我接触到了科研，在我看来，基础永远都是课本上的，但做科研能增加你对整件事情的认知。当时做科研还是蛮辛苦的，正常科研周期是两个月左右，这段时间基本上是迎着朝阳前往实验室，伴着晚霞回到寝室，晚上还要查阅大量的文献，写大量的报告，虽然辛苦但也收获了很多快乐与知识。在学识这方面，谁勤奋谁就会有相应的收获，从另一个角度来说，也是为了推动医学的进步，只要解决了本领域一个小小的问题，或者是解释了一个症状的可有机制，或者是报告了一例罕见的疾病并且详细描述患者的症状以及诊断依据，就能够为更多的医疗工作者或患者提供帮助。

行医者无疆，虽远矣，吾往矣

本科毕业后我就回到了家乡，回到了临床。大学毕业后想到最多的就是去哪里工作待遇好、压力小，现在想来就是年轻怕吃苦。当时天真地以为只要学习书本知识，然后逐渐融会贯通，不读研究生也可以。后来看到身边很多前辈们对患者和疾病那种认真的钻研精神，自己心里既踏实又紧张。随着疾病谱的变化和现代医学的发展，运用曾经学到的那些医学知识诊断疾病已经能明显感觉到吃力，于是我果断选择了读研。读完研回到医院后就感觉自己看病达到了一个新层次，以前病人来了之后，说大夫我这个药吃得不错，感觉疗效比较好，那时候可能就觉得这个药方挺好。硕士毕业回来后认知就发生了很大转变，

第一步该做什么，第二步该做什么，可能会得取什么样的疗效，可能会有什么样的副作用，心中大概都会有数。

当然，其间也发生了许多临床故事。当时一位患者应邀去山东演讲，出发前感冒，声音嘶哑，一到山东只发出簌簌簌的声音，两脚打飘，急忙致电济南的大医院，对方回答，几乎没有什么办法，只能对颈部施行冷敷，避免进一步充血，让其自然恢复。第二天演讲怎么办？怎么跟那么多的现场听众交代？当时已经是晚上7点，紧急通知都来不及了。我通过把脉看舌，开出16味中草药，一帖居然就有了声音，半夜服了二煎，泄了一次肚子便能正常说话了。还有一个老太婆总是生气，见了谁都生气，她表示自己也不想生气，但总是控制不好情绪。生气主要和肝相吻合，肝属木，金克木，我让她在家捂着脚脖子哭上半小时然后就好了。这就是利用五行当中的相生相克原理，所以你在治病的时候并不一定要用药，良好的心态完全可以改变一个人的体质，也可以改变一个人的健康状况。

经过漫长的医学生涯，我感悟到：医学让我靠近真理，也让我永远谦卑。它囊括了复杂又简单、有趣又枯燥、紧张又放松、悲伤又幸福的世界，只要你愿意，你可以在这里找到你想要的答案。

崔旭阳

思考着的探路者，践行中的大医梦

——山东大学齐鲁医院沈琳

沈琳，1973 年出生，山东夏津人，老年医学博士，主任医师，硕士研究生导师，山东大学齐鲁医院心脏康复学科带头人，老年心血管科 12A 病区负责人，体外反搏中心负责人，心脏康复中心负责人。

研究方向为老年心血管疾病病因及干预、老年心脏康复临床及相关机制。

擅长冠心病、高血压病、心力衰竭、心律失常、高血脂症、心脏康复等心血管疾病诊治。主持或参与多项国家级、省级课题，发表多篇 SCI 论文。

带领团队成立山东省首个三甲医院体外反搏中心，成立山东省首个通过国家级学会资质认证的心脏康复中心，作为第一执笔人和

通讯作者牵头制定"老年人体外反搏临床应用中国专家共识"，为推广体外反搏这项无创、安全、有效的抗缺血辅助循环技术做出重要贡献。

兼任中华医学会老年医学分会心血管学组委员，中国生物医学工程学会体外反搏分会老年病学组组长，山东省心功能研究会体外反搏专委会主任委员，山东省卫生保健协会老年康复专家委员会主任委员，山东省康复医学会心脏康复分会副主任委员，山东省康复医学会老年康复分会副主任委员，山东省医学会心血管病学分会心脏康复学组副组长等。

我们对"心脏康复"没有明确的理解，只大体上可以联想到一些相关的心脏疾病。于是"心脏康复"在我们模糊的印象里自然就带有了苦痛的内涵。但出乎预料的是，我们走入的病区却没有浮动着沉重的空气。护士与家属和谐地讨论着患者康复治疗的细节，被午后暖阳照亮的病区走廊上，两位互相搀扶着的老人正缓慢地散着步。

体外反搏康复室内起伏的节奏相互交织着，充满了规律的机械声响。沈琳主任站在患者的床边，仔细确认过屏幕里的数据和曲线后，转向病人，亲切地询问患者近日来的身体状况及用药感受。听闻经过七八次体外反搏治疗的患者胸闷胸疼都有显著缓解，血糖控制良好，睡眠也有所改善后，她的笑容里透露出了些许安心的神色。

我们站在康复室的另一端，旁观着这样的图景。我蓦地想起美国科学家爱迪生曾说过："我的人生哲学就是工作。"就在此刻，我大概从微笑着转向下一个病人的沈琳主任身上，窥见了几分这句话的真谛。

心脏康复治疗中大约有 70% 是干预病人的生活方式

　　"心脏康复"的属性决定了病区中大多数病人已经背负上了年岁的负担。老人作为极为脆弱的患者群体，衰弱的躯体不是他们唯一的问题。"部分病人会因为病情的影响产生一些心理问题。就如之前有一位老太太，来院后做了造影，医生判断病情不是很严重，不需要放支架。但她每天早上仍然胸闷胸疼，甚至不敢下楼，不敢活动。而不少做了支架手术的病人则会有许多类似'支架会不会掉？会不会损坏？'之类的担忧。"面对着暴风一般袭来的疾病，被裹挟进其中的患者所怀有的困惑不可避免地转变为了不安，这样的不安甚至渗透进他们每日的寝食。

　　"心脏康复治疗中大约有 70% 是干预病人的生活方式。"沈琳主任这样告诉我们，"国内知名的心血管专家胡大一总结了心脏康复治疗的五大处方，包括运动、营养、心理、戒烟、药物等方面。"在心

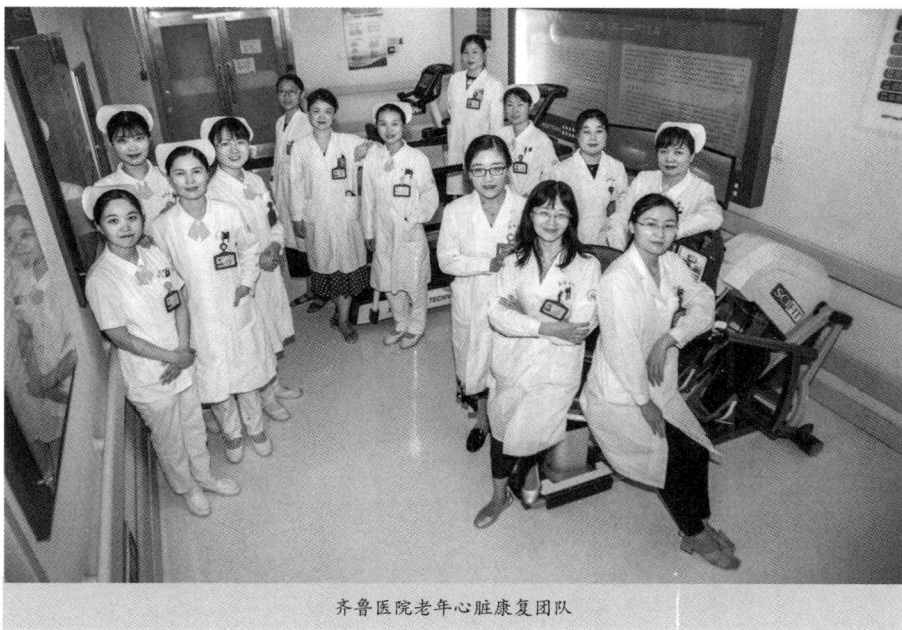

齐鲁医院老年心脏康复团队

理和营养方面，应当对病人的焦虑和困惑给予足够的关注。沈琳主任谈到，老年科基于患者年龄大的特点进行考量，引进了许多设备，尽量保证以无创的方式对病人的情况进行多维度准确的综合评估。医生针对病情给出的准确诊断，针对疑虑给出的权威应答和针对康复给出的明确指示是划破患者心理阴霾的利刃。

　　"我们在体外反搏项目开展初期曾治疗过一个患者。他反复感到胸疼，且心电图在他胸疼发作时确有动态改变，显示出他心肌缺血。但就造影 CT 看起来，他的主动脉通畅。此时我们就诊断他的微循环可能出了问题。利用我院率先开展的诊断技术，动态 CT 灌注显像，观察他的病情，确认了他的心肌供血存在问题。"沈主任立刻安排患者进行体外反搏治疗。治疗之后，诊断显示患者的心肌供血已转向良好。但作为老年医学专家，沈主任并未就此止步。她秉持着心脏康复专家的审慎，详细询问了患者的生活习惯。在得知他的工作负担重、烟瘾酒瘾都较大后，沈主任及科室医护人员在患者住院期间严格监督他戒

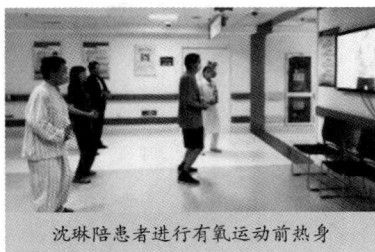

沈琳陪患者进行有氧运动前热身

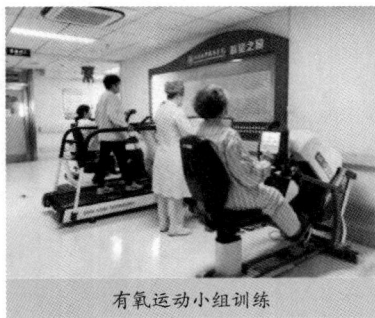

有氧运动小组训练

烟戒酒。"至今已经两年多了，他的病再也没犯过。"

　　"心脏康复治疗首先要改善病人的生活方式。我们也积极地从线上和线下两方面对公众进行心脏康复的宣讲教育，这就是我们常说的'心脏康复，教育先行'。"她的声音柔和，列举案例向我们讲解，逐渐掀开"心脏康复"的面纱。"我们希望尽量改善和维持患者的脏器功能，提高他们的生活质量与活动耐量，让他们的生活可以不完全依赖于家人。"说到这里，沈主

任显得有些骄傲，"我们的治疗目标主要是让患者得以与病'和平共处'。"

■ 体外反搏器械是首个通过美国 FDA 认证的由中国自主研发的医疗器械

体外反搏是一种无创的，辅助心血管循环的技术。它目前主要应用于治疗缺血性的心脑血管病，有增加心脏供血，促进侧支循环建立等效用。在治疗心血管疾病方面，体外反搏技术的应用非常广泛，心脏搭桥手术后、冠心病、心绞痛等病人都可以从中获益。

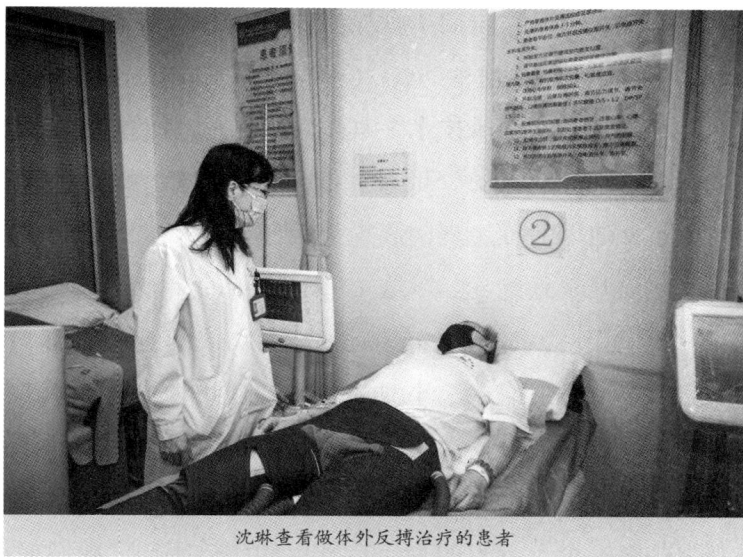
沈琳查看做体外反搏治疗的患者

"我们病区内老人多，八十岁以上的高龄老人常占一半以上。"运动是心脏康复"五大处方"的重点项目之一，但许多高龄老人活动受限，已难以进行主动运动或承担主动运动的强度。沈主任考虑到病区现状，针对可以主动运动与不便主动运动的病人，查阅了大量资料，向院内申请引进一批器械，其中包括提供被动运动的体外反搏器械。

体外反搏技术曾在匹兹堡进行过八千人的大型临床试验，"疗效能够持续半年到三年"的实验结果证明了这种疗法的科学性。

首位体验使用体外反搏器械的患者次日给出了"睡眠有明显改善"的感触描述。之后更受到大量患者的认可。"最初院内只有一台器械时，机器每天从早上五点开到晚上十二点，一直在为病人进行治疗。"

"我已从事体外反搏三年有余。"在推广以体外反搏技术治疗缺血性心脑血管病的过程中，沈主任更积极开拓体外反搏技术在其他领域的应用。"我们2019年在《中华老年医学杂志》上发表《老年人体外反搏临床应用中国专家共识（2019）》。这是体外反搏史上第三个共识。'2019年共识'最大的贡献其实是扩大了体外反搏的适应症。适应症扩大后，体外反搏可以被应用于糖尿病控制及治疗糖尿病的并发症，还可以治疗神经系统的缺血性病变、突发性耳聋、缺血性的眼科疾病，以及失眠。"谈到体外反搏技术在其他领域的应用，沈主任回忆起了一个曾患有眼科"绝症"的少年。"今年疫情期间，我们接诊了一位十五岁的少年。他因为罹患视网膜中央动脉栓塞，瞬间就失明了。而且这个病症此前几乎是绝症。"这个泰安少年的父母听说了体外反搏在眼科领域的应用后，带着他匆匆赶到济南，找到了沈主任。"这个疾病的治疗黄金期是发病六个小时内。他们赶到时虽然已经错过了这个黄金时期，但经过体外反搏治疗，少年的视力得到了相对不错的恢复。这在眼科领域是个奇迹。"沈主任却并未因此松懈，她开始进一步思考，为什么一个十五岁的少年会发生动脉栓塞？"我们如果不找到他发病的根本原因，也许在这个孩子的身上还会产生其他无法挽回的疾病。他的人生才刚刚开始啊。"沈主任及团队很快达成了共识。"许多栓塞疾病都与先天性心脏病有关，加上疫情期间，孩子无法回归校园，坐在电脑前上网课的时间长，活动量大大减少。这样的生活状态容易导致栓塞。"活动量不足的情况后来也在孩子的父亲口中得到了证实。经过发泡实验，她确认少年患有先天性心脏病——卵圆孔未闭。确认了病因，沈主任及团队立刻给少年进行了封堵手术。"我们就这样，解决了他失明的表征和根本上的心脏病症。"说到这里，沈主任向我们示意，"这里的感谢信和锦旗大多都来自经过我们治疗的眼科病人。"不难想象，这个少年和他的家庭，以及无数像这个少年一样经过沈主任救治的患者将对她怀着怎样的感激。从失明到恢复视力，沈主任还给患者的不仅仅是光明，从绝望到找回希望，体外反搏拯救的不仅仅是患者的身体。

在应用体外反搏技术的同时，沈主任也高度重视科研。"我们目前在体外反搏技术上拿到了两个立项，分别为山东省重点研发项目的立项和齐鲁医院的新技术发展基金的立项。"为了探索体外反搏技术在更多领域的应用，沈主任也呼吁更多其他领域的专家加入到体外反搏技术的研究中来。

心脏康复中心获得国家资格认证

体外反搏器械是首个通过了美国FDA（药品食品监督管理局）认证的由中国自主研发的医疗器械。"这个技术是中国人的骄傲。"沈主任强调，体外反搏在美国和欧洲也推荐用于冠心病治疗。

不能开了药了事，要真正帮到病人

作为一名从事心脏康复的医生，沈主任真正做到了"给病人看病时，时刻带着预防和心脏康复的理念"。

"我之前遇见了一个三十八岁就患有动脉斑块的病人。"面对如此年轻的患者，沈主任在诊断一开始就思考她深层的病因。"通常体形偏肥胖的人更容易患有类似疾病，但她的身材很匀称。"诊断之后，她深入地询问了患者的生活习惯。"她与她的丈夫回想之后告诉我，她很喜欢喝奶茶。"在对症下药之余，沈主任嘱咐病人一定要戒掉不健康的饮品。

"你可以告诉病人每天只能吃六克盐，但是六克盐是多少？你也可以告诉病人，六克盐就是一啤酒瓶盖的盐抹平了，这样他们就会有具体的概念。"她的敬业与用心通过面对病人的每一个细节都能体现出来。她是"心脏康复治疗"路上的行者，也是铺路人。沈主任总是尽力将路铺得更平坦些，让病人可以走得更久些，让后人的探索可以更容易些。但她又不只是前行者，沈主任在开拓中也从未停止思考，以一个医者的专业视角，以一颗热爱老年科的赤诚之心去思考。"我愿意多花些时间在病人身上，看病时问问病人生活的方方面面，为病情提供更准确的解法。身为医生，不能就这样开了药了事，要真正帮

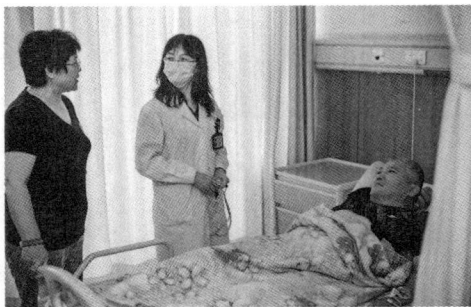

到病人。毕竟吃药很简单，但他们的人生还很长。"

"我现在担任三个医学会的组委，分别为心康医学会、老年医学会、体外反搏医学会。我认为这三个协会的内容本就相互交叉，更该相互融合。只有这三方面融合了，才能真正惠及患者。"

"要真正帮到病人。"这句话像是一面旗帜，沈主任是挥舞旗帜的人。她怀着对病人的重视，怀着对诊断的审慎，怀着对职业的尊敬，在面对病人时，将这份重视，这份审慎，这份尊敬融合到治疗中。这正是她作为医者的一份在乎、一种担当、一颗仁心。

她让这条"心脏康复"的坦途沿道旗帜飘扬。

因为我有一个大医梦

"我的硕士专业是老年医学，亚专业是心血管。博士专业也是老年医学。我从根上就是老年医学科的医生。"沈主任在谈到自己的专业时，神情里透露出满满的自豪。她同我们回忆起自己的经历。"我曾在一个基层医院工作过。这个基层医院常有退休职工、老年人来拿药。许多老人取药的数量都非常大，治疗效果却不显著，生活质量也比较低。当时我就意识到老年医学专业还有很多空白。我在考研究生申请导师时，很多优秀的老师都招收老年医学专业的学生，但亚学科不同。我根据自己的工作经历总结发现大多数老年人的主要病症都是心血管疾病，我个人也比较喜欢心血管专业，所以我就选择了这个方向，选择了我的导师。"说到这里，她有些羞涩地告诉我们，她曾给老师手写过一封信，告诉老师自己的"大医梦想"。

与大众的印象相去不远，医生是非常辛苦的职业。沈主任谈到家庭时，也说起因为自己和丈夫都没有假期，所以几乎没有全家人团团圆圆过新年的时候。孩子假期就送到远在北京的妹妹家中寄养。过年时只能看看孩子发来的贺年信息。这些年来，她为了推广"心脏康复""体外反搏"，到全国，甚至到世界各地去研习，去宣讲，去落实，收获了甘甜硕果，也历经了苦难挫折。所有辛劳的奔波，所有不眠的寒夜，至今归结在她的口中仍然是坚定的一句话："我

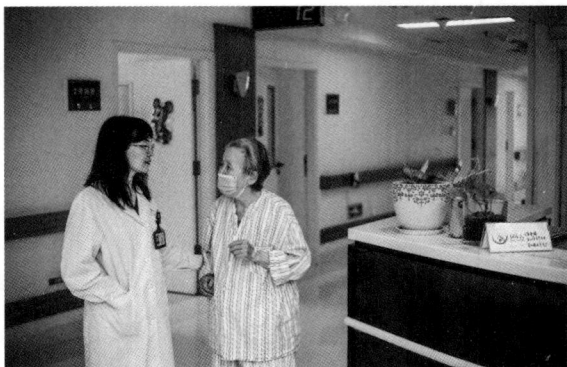

选择这个专业是非常正确的决定，我一生无悔。"

中华医学正是因为有每一个无法休假，无法陪伴家人，怀着"大医"梦想，将自己最诚挚的热血奉献给每一位患者，坚守岗位，贯彻自己信念的"沈主任"，才得以发展至今。

我们的国家，医学行业，我们所有人都是幸运的，因为有一群这样的医者。

▌▌老年医学是国家关注的重点，至今依然方兴未艾

"我选择老年科作为专业时，这个行业中还有许多空白。这么多年了，这个行业依然方兴未艾。"谈到过去的十几年，沈主任的语气里有些遗憾。她至今仍然经常见到老人们在各门诊之间奔忙，将自己的病症划分孤立，取回许多心血管、呼吸、内分泌、消化等药物——重复着她踏入这个行业之前的情景。"我们的社会正逐渐步入老龄化，近些年国家也很关注老年医学，要求二级及以上医院都要设立老年科以应对现状。但仍有许多人不了解、不知道，甚至没听说过这个学科。"面对服用大量药物，生活质量却仍然得不到保证的老人们，作为一个老年医学科的大夫，沈主任感到切肤之痛。"如果他们来老年科，我们可以根据他们的情况做出综合诊断。我们给出的治疗方案其实比老

人家去看不同科室的门诊要对症，也要简单。他们也不用吃那么多药，多重用药本就是我们专业的特点。"她的每一字每一句都切实为老人考虑。

作为老年医学的专家，使命感推动着她发出呼吁，发出倡导："要从国家层面狠抓老年科医生的队伍建设。""要积极推动更多医院建立老年门诊、老年病房，建立更专业的老年科医生团队，以更专业的医生来应对老年医学领域复杂的病症。"

伴着日光的热度，她作为医者温暖每位患者，作为教师教育莘莘学子；伴着黑夜的冷静，她作为专家写作专业指导，作为讲师制作宣讲课件。她过往的生命在这一个个身份的转换中达到充实饱满。她还在探索，还在思考，还在义无反顾地向前，甚至带动整个行业向前迈步，她未来的方向会在这一份份责任的鞭策下更加明晰。

"不忘初心，牢记使命。"沈主任就是这样一位时时不忘从医初心，刻刻牢记医者使命的"大医"。我们用"见过凌晨四点的洛杉矶"来描述篮球选手科比·布莱恩特磨砺技术的刻苦，凌晨四点的济南又是以一种什么样的姿态来迎接这样一位探索者，这样一位追梦人呢？

代安娜

不忘初心：医路梦想的践行者

——山东大学齐鲁医院肖云玲

专家介绍

肖云玲，博士，副主任医师，副教授，山东大学齐鲁医院保健心内科主任。

工作以来，一直从事心血管内科的临床医疗工作，熟练掌握心内科常见病、多发病的诊断和治疗，对心内科疑难危重病例的诊断和治疗也积累了丰富的经验，尤其擅长高血压病、冠心病、心力衰竭和缓慢性心律失常等疾病的诊治，熟练掌握起搏器安装等心血管疾病的介入性治疗技术。参与多项临床科研工作，目前承担国家自然科学基金、省保健重点课题等多项研究，在相关杂志发表论文十余篇。

兼任中国老年学会转化分会委员、中国康复学会心血管分会委员、

初心不变，精勤不倦

在谈到走上从医之路的因由时，肖云玲说母亲生前多年饱受心脏病困扰，当时年幼的她看在眼里、急在心里却无能为力，因此年幼的她便立志当一名医生，治病救人，为民解忧。学生时代，肖云玲展现出超群的悟性和动手能力，本想发挥自身优势，研修心外科，但由于当时心外科专业只招收男生，最终她选择了心内专业。"治病救人"对肖云玲来讲，是选择从医之路最直接、最朴素的初心。

1989 年，肖云玲考入山东医科大学临床医学七年制专业。1996 年硕士毕业，肖云玲进入山东大学齐鲁医院老年病科，刚开始有点失落，因为当心内科医生才是她的心之所向。她主动向院里提出申请，在心内科轮转 6 年，工作中，她感到以自己的知识担任医生有时候捉襟见肘。带着强烈的求知渴望和积极进取精神，她考入了北京大学医学部，但由于当时母亲病危需要人照顾，她不得已放弃了赴京读博的机会。功夫不负有心人，2003 年，她又考入山东大学，师从知名专家高海青教授，攻读心脏内科博士学位。心脏内科疾病的特点是病情重、发展快、病种复杂、专业难度高、风险系数大，遇到一些罕见病和疑难手术，医生经常在手术台前一站就是一天，虽身为女子，但肖云玲却有坚毅果断的一面，不怕累能吃苦，认准的事便会坚持到底。她既有聪明才智又有吃苦耐劳的精神，她坚信自己总有一天会从苦苦求学的学生变成优秀的临床医生。此时，摆在肖云玲面前的有两条路——科研与临床。治病救人是肖云玲从医不变的初心，比起科研教学，临床更加能够直接地帮助病人消除病痛和顽疾，所以她毅然选择了以临床为主的道路。

仁心仁术，视患如亲

从医，为人们解除病痛就是终极目的。看见那些饱受病痛折磨的病人，肖云玲就会想起自己的母亲，难抑心中恻隐，更觉责任重大。因此，在肖云玲 20 余年的从医经历中，最明显的是她对临床的坚守，为此，她甚至放弃了多次国内外进修的机会。她潜心研究，努力实践，深耕于临床。肖云玲绝大多数时间是在心内科急诊度过的，这是磨炼临床技艺的好机会，多年的实战使她对于处理危急症、重症得心应手，练就了快速的反应能力和过硬的临床处理能力。2011 年，保健心内科成立了介入团队，肖云玲承担了开创者的重任，带领团队开展各类心脏介入手术 2000 余例。她注重医技提升，在齐鲁医院创造了多项新技术的首开纪录，完成了医院首例独立实施的三腔起搏器植入术；首例独立实施的左束支起搏术，使医院对于慢性心力衰竭的器械治疗水平处于省内领先地位；完成了医院首例独立进行的冠状动脉内斑块旋磨术，使老年冠心病常见的钙化病变不再是介入治疗的"拦路虎"；完成医院首例冠状动脉内压力导丝测定，使支架植入有功能学指导，更加科学规范。

我国已经进入老龄化社会，老年人心脑血管疾病的防治意义重大。保健心内科病人和普通心内科病人的特点有很大的不同，这里的病人以中老年人为主，患者具有年龄大、多种疾病并存、多种药物共用、各器官功能衰退、生活能力减退、情绪障碍多发等特点，这使得临床表现复杂，诊断、治疗难度随之加大，因此在治疗和预防方面面临新的挑战，对医生提出了更高的要求。针对患者的特殊性，肖云玲提出日常照护的重要性，主动承担了多项术前术后的工作。如何在防治心血管疾病、延长寿命的同时保持良好的生活质量，这既要有本专业特长，又要具备同时处理多种疾病的综合能力，肖云玲意识到只有做到一专多能，才能更好地为患者服务。行胜于言，肖云玲开始亚专科的学习，带领病房医护人员在开展常规临床工作和心脏介入治疗的同时，大力开展慢病管理和心脏康复工作。成立随访办公室，培养专门的医生和护士对病房经治的慢性病患者（冠心病、高血压病、慢性心力衰竭、起搏器植入术后）进行规范的院外管理和心脏康复。随访工作烦琐，大多是义务劳动，有些患者对此不理解，也有医生护士觉得这对病房发展意义不大。肖

云玲顶住压力，带领随访团队坚持工作，患者因为得到了规范的管理，病情稳定，再入院率明显降低，依从性明显提高。引进六分钟步行试验、心肺运动试验、身心诊疗系统等仪器设备，让心脏病患者通过服用药物、坚持运动、疏导心理、增加营养和戒烟得到全方位康复，使慢性病患者也看到了康复的希望。

疗效是最具权威的号召力，口碑是医技最好的实证。短暂的采访结束后，在肖云玲办公室门口，笔者偶遇数位慕名前来的患者，他们看到肖主任就好像看到了希望，肖主任的出现像一束光，照亮患者康复的路。在临床实践中，生死抢救时常上演，肖云玲在一次次与死神赛跑的较量中，将病人从死亡线上拉回来。菏泽市的一位病患，2015年患急性心肌梗死、心源性休克，生命垂危，家人慕名将其带到肖云玲这。肖云玲带领医护人员分析患者病情，及时给予床边主动脉内气囊反搏，严密监护治疗10余天，使患者的生命体征得以平稳，赢得了进行支架植入术的机会，经过20余天的精心治疗，将患者从死亡线上拉了回来，但患者仍遗留下了心力衰竭的并发症。为了使患者能恢复正常的社会功能，肖云玲出院前给患者进行心脏康复前的评估，设计

完备的患者心脏康复和定期回院调整方案，经过长达三年的努力，患者未再因心脏病入院，心功能由出院前的30%恢复到了正常范围的52%，患者也恢复了正常的工作和生活。

从孙思邈的大医精诚论，到西方的医师宣言，都在强调具有高超医术的同时，医德的重要性。对一个临床医生来说，医德很具体。"肖主任对待患者像亲人，医术精良，认真负责，态度和蔼，是患者的贴心人。""肖教授对疾病诊断、分析、检查都很到位，治疗方案正确，我患冠心病放置支架后，感觉很好。非常感谢肖主任和她的科室医护人员。""肖主任对我的病情讲解细致，有耐心。谈吐间体现其个人修养之高，出院时叮嘱我以后生活上的注意事项及何时回院复查。有德之医，俺给个赞！""母亲五年前诊断心律失常，最近下肢浮肿才入院。入院第三天曾出现室颤，一天进行了四次抢救，肖大夫把我母亲从鬼门关拉了回来。虽然手术冒着极大的风险，但肖大夫依然顺利完成，我母亲七天后出院了。万分感谢！"患者及家属发表的此类网贴不胜枚举。作为医生，没有什么比病人的褒奖更珍贵。

心系保健，恪尽职守

在肖云玲这里，一名医生的敬业精神如何表现，我们找到了答案：敬业中应包含着责任和奉献，首先不计较个人得失。

从医20余年，肖云玲几乎没有休过一次完整的假期，她放弃了和家人团聚的机会，坚守在工作一线。在她身上，"时间就是生命"这句话得到了最淋漓尽致的体现。心内科急症病人最多，一旦病房有紧

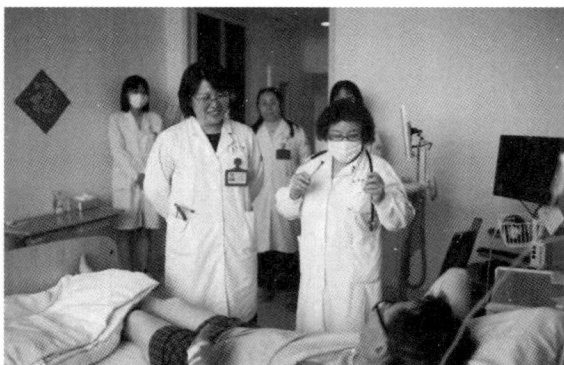

急情况，接到电话她都会在最短的时间赶到医院，迅速投入抢救。肖云玲手机24小时开机，随叫随到。保健心内科的病房床位使用率极高，病人病情变化快，没有一劳永逸的长期治疗方案，必须根据病情灵活调整。每一名患者是什么样的病情，发生了什么细微变化，是肖云玲最为关注的。探望患者、和家属谈话、查房、下达治疗方案、开医嘱、抢救……这些工作，她总是亲力亲为，即使周末也不例外。在肖云玲的带领下，齐鲁医院保健心内科开展了病房的规范化管理，由于心力衰竭、慢性病等病人的返院率很高，科里成立了随访办公室，加强心脏康复的院外管理，这使得病人的返院率大大降低，心力衰竭死亡率由高于50%降低至5.4%。慢病管理最直接的受益者就是患者。

"我们病区的病人以中老年人为主，多数患有心力衰竭和不同程度的慢性病，病人除了身体上承受病痛，心理也容易出现焦虑、抑郁

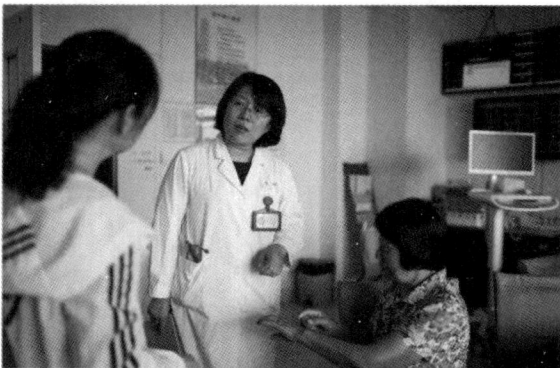

的问题，为此，我们引入了身心诊疗系统，并且结合相关药物治疗，取得了很好的临床效果。"肖云玲说。

干部保健科工作性质特殊，责任重大，担负着全省多名高级干部

的医疗保健工作，承担着参加省内大型会议和来我省的党和国家领导人、国外元首的保健任务。作为保健心内科主任，肖云玲有高度的政治觉悟，爱岗敬业，以身作则，严格要求自己，勇挑重任，主动承担多项重大保健任务。肖云玲多次参加重大医疗保障任务，因工作出色荣立2015年个人三等功，2015年集体二等功，2017年个人一等功。

近年来，因为在专业领域的出色表现，肖云玲得到了同行的一致好评，被推选为中国老年学会转化分会委员、中国康复学会心血管分会委员、山东电生理女医师联盟常委、中华老年学会山东分会康复学组副组长、山东省心功能研究会常务理事、山东中西医结合学会理事等。荣誉属于历史，医路漫长，学无止境。每一个追求梦想的人都值得被尊重，肖云玲坚定地走在实现梦想的道路上，我们祝福她！

盛迎

一切出色的，都是朴素的

——山东大学齐鲁医院张师前

专家介绍

张师前，山东大学齐鲁医院妇产科主任医师，教授，博士生导师。擅长并致力于妇科疑难复杂疾病和复发性妇科肿瘤的诊治。全国优秀科技工作者、山东省优秀科技工作者、山东省高级科技咨询专家。

兼任中国抗癌协会妇科肿瘤专委会常委，中国医师协会整合妇科学专委会常委，山东省疼痛医学会妇产科专委会主委，山东省老年医学会妇科专委会主委，山东省医师协会女性盆底功能障碍防治医师分会副主委，山东省妇幼保健协会妇科分会副主委，曾任山东省抗癌协会第三、第四届妇科肿瘤分会副主委，山东省医师协会《医师论坛·当代妇产科》

副总编,《妇产与遗传》常务编委,*Obstet Gynecol*(产科学与妇科学)中文版编委、《中国实用妇科与产科杂志》编委等。

参与国家自然科学基金项目1项,主持山东省自然科学基金等省部级科研课题4项,发表SCI论文16篇。主编国家"十五""十一五"中华医学会规划视听教材11部,参编著作6部。获省部级、厅局级科技进步奖15项。

一切出色的东西都是朴素的,它们之令人倾倒,正是由于自己富有智慧的朴素。

——高尔基

一、早晨

八点,张师前主任参加集体交接班后,带领着医生及学生们开始查房。持着病历资料,他走进齐鲁医院妇科四病区病房,同或立或坐,或倚或卧的患者交谈;在走廊上停留,就刚才患者的具体病情向学生们提问,并进行讲解。

与此前见过的查房相比,张主任查房的氛围有些不同。缀在查房队伍末端,我注意到,除了询问病情、查验伤口、确认感受之外,他跟一位刚做完手术的患者笑谈手术时的惊心动魄,给予生育了一双儿女的患者敬佩的回应……他与患者如旧友一般交谈,笑容里更多的是长者一般的亲切,与他谈话的患者也都自然而放松。春日的朝阳中,

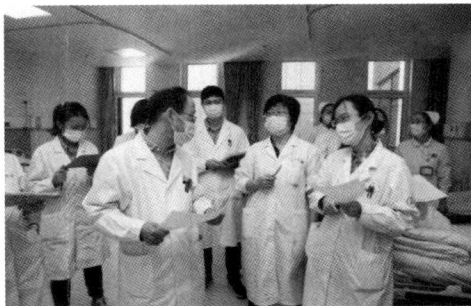

病区的白炽灯下，张主任被学生们环绕着就患者的情况谈论教学时，又是那样沉稳。他的脸上与其他医生、学生的脸上有同样风发的意气。看过那些冰冷罗列的他作为妇产科专家的成就，这些情景似乎让文字中高高在上的妙手神灵落回了人间，白色大褂的衣袂都带有浓郁的人情味。

二、童年

机遇之缘，在会场外，终于与张主任对坐，从他的讲述中，我匆匆读过他的半生。

"我们家里姊妹兄弟多，我上有俩姐姐，后有一弟一妹。那时我们沂蒙山区生活条件很差，能解决温饱问题就是我们最大的愿望了。""我小学和初中都是在我们村里上的。那时候农村的初中是联中，联合中学，这一片几个村的孩子都到这里来上课。老师就是我们村的农民。"张主任说那时甚至有时会出现家长将上着课的孩子叫回家喂猪羊的情况。

可以想象出，幼时的张师前抱着猪草或提着食桶的模样：大捆的猪草和沉重的食桶显得孩子格外瘦小。他房前屋后地忙碌着，动作老练得不似一个孩子。做完农活，又匆匆地奔回课堂。

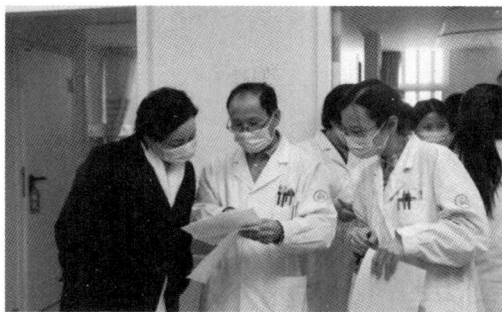

孩子细瘦的手指牢牢地攥着笔，看向课本的眼里有光。

"1978 年召开了全国科学大会，国家开始重视教育。于是整个临沂县李官公社就在我们公社（现为临沂市兰山区李官镇）所有联中举行选拔考试，遴选优秀的学子到镇上的刘村中学去冲刺备考半年。半年后迎接中考。"张主任所在的李家彭庄联中包括他在内共考上了四名孩子。

"那半年，煎饼就是我的主食。夏天煎饼容易长毛，可长毛也得吃，得活啊。怎么办？把长毛的煎饼在手里扑打扑打，把毛扑掉，然后用水冲冲，把毛洗掉，再吃。" 地瓜干、地瓜面煎饼、疙瘩咸菜，这些食物的味道充满了张主任备考冲刺的日常。

"一个星期，回家两次，周三和周六，我得回家带煎饼。星期三放了学，那时也没有自行车，走路回家。十二里路，风雨无阻。周三下午下课后回家，周四一大早再走回去，还得上课。"如今"十二里路"说起来算不上惊人的距离，但那时却以一个少年的脚步丈量。求学的足迹，印在日暮里，绵延到深夜，也始于万籁俱寂，走向东方既白。

"有一次下大雪，一路沟满壑平。到家时我的棉裤棉袄都湿到了胸口。农村里生着炉子，家里大人得连夜把我棉裤棉袄烤干，明天还得穿着赶回学校去。"

中考后，少年张师前以第 43 名的成绩进入了临沂二中（时为育红中学）设立的 45 人的"农村班"。"去考试是我第一次走出我们乡镇到县城，去报到是第二次。"就像是茫茫然闯入了一片全新海域的孤舟，"一个人也不认识"。

同时，政策变化如天体引力一般掀起了浪潮。"千军万马都走高考这座独木桥，中考时就有好多高中毕业生又和我们应届生一块考。"而与同学的差距给那时的张师前带来的几乎是覆灭性的打击。"我从小就在农村，受教育条件比较差，到这个班的时候根本跟不上学习进度。上高一后压力非常大，觉得自己有坚持不下来的感觉。"

那少年像是在长夜里航行，看不清前路，触不到黎明，独自在汪洋中飘摇。

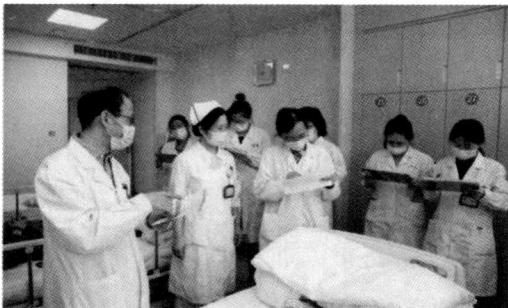

但哪怕身处黑暗，张师前依旧没有放开自己人生的船舵。"我高一咬着牙努力了半年，就从入学时的第 43 名上升到 30 名之内了。再坚持到升高二的时候，我就已经进入 20 名以内了。此时往届再入学的毕业生们的优势也已经没有了。"驾驶着孤舟，张师前在颠簸中逐渐征服了风浪，立于潮头。

仍与行十二里路求学时一样，他从未停止迈向黎明的脚步，从未放开紧握笔杆的双手，从未辜负逐光的眼眸。

三、我的大学

"我出身农村，当时填报志愿我们是没有任何信息的，老师说啥好咱就填啥。"1984 年，张师前参加了高考。在老师的建议下，以 513 分的成绩填报了一本志愿清华大学计算机专业却遗憾落榜。之后被第二志愿山东医学院录取。阴差阳错之下，他带着艰苦奋斗的精神踏入了医学领域。

在山东医学院的学习不仅让张师前显露出了医学的天分，也减轻了他家中的负担，助学金成了他继续生活学习的基础。"大学这五年是拿助学金上的，一个月十三块九毛钱，我一个学期还能节约出五块钱补贴家里。因为家里生活也很困难，这五块钱对家里来说也是很有帮助的。"

他走出了那个村那个镇，却从未忘记过自己生于农村的根。五年钻研，只因他所怀着的朴素愿望："能从'农门'跳出来就不容易了，咱们学医当个大夫，也没有什么野心，能治病救人有个立足之本就行了。"

五年后，张师前以斐然的成绩迎来了大学毕业，并毅然地选择了继续学习。

在选择硕士专业时，张师前拜入了时任山东医科大学附属医院副院长的殷立基教授门下，作为一名妇产科的硕士研究生开始了为期两年的学习。

"1988年，国家进行医学教育体制改革，着力培养一心一意当临床大夫的研究生，就相当于现在说的专业型学位研究生。此次改革将硕士学制拓展出了对研究生进行两年专业学位教育，然后进行考核的形式。考核包括手术、写病历、查体等这类临床医生的基本操作，也就是做大夫的基本功。"

在殷院长的教导下，张师前与其他同学共度了两年学习生活，并在研二时一同接受了"转博"考试。"我们总共六个学生，只有一个学生经过考核后可以'转博'，也就是说直接就被山东医科大学作为博士生录取，叫作转博。"

同张师前一同参加考试的其他五位研究生，只有一人是应届生，其余都是往届的学长学姐。另外，参与此次考核的还有一位是北京协

一切出色的，都是朴素的

和医院妇产科的专家。"考核要求我们完成为病人查体、做诊断、写病历等环节，然后再考查一些临床操作，包括进行流产、接生、放环、取环，还有卵巢囊肿处理等，共六个手术。整个过程公正公开。"

作为应届医学生，张师前在这场偏重实际操作的考试中面对的是与他有巨大经验差距的竞争对手。那时初出茅庐的他与"专家"这个称呼之间的经验差距是巨大的。或许他心中也是不安的，像是少年时面对大雪茫茫的十二里路。但他握手术刀的手依然稳健，就像这两年学习中的每一次。

最终，他在这场考试中拔得了头筹。

四、在人间

被录取为临床专业博士研究生后，张师前转入江森教授门下。

说起读博时光，张主任将其总结为"充实"。

那时他一边读博一边在医院作为住院总医师实习。"当住院总医师就是要在妇科产科听班，24小时值班。隔一天值一个24小时的班。"在这样的工作强度下，张师前做了一年半住院总医师，握着手术刀历经无数次手术战场。这样的工作经历使他迅速成长起来。他说，手术其实就是熟能生巧，语气中带着笑意。同我描述那段时光的细节时，他露出隐约的怀念神情。

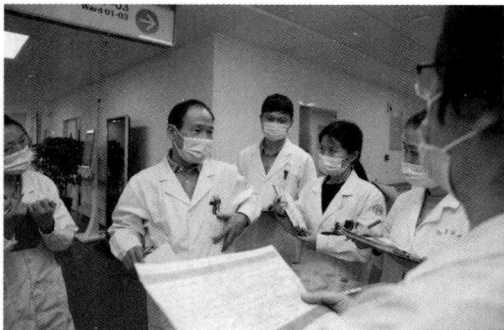

三年来在临床一线摸爬滚打，张师前提升了手术技能。"那时候我做了一个与腹腔化疗相关的临床科研项目，因为卵巢癌有腹水，就朝肚子里打药治疗卵巢癌，还申请了国家实用新型发明

专利。"

仍然是受"治病救人"这样单纯的目的驱动，在20世纪90年代，面对癌症这样几乎无解的绝望难题，张师前开始根据手中的书本和器械寻找更有效的救治手段。

毫无疑问，他的探索离不开江森老教授的指导。作为国内妇产科权威江森老师的弟子，张师前与那时国内的妇产科学术最前沿几乎零距离。"那时候我们没有电脑，所有研究都是手写。老人家给《中华妇产科杂志》《中国实用妇科与产科杂志》等杂志供稿，写完稿子都是我给誊抄，誊抄完了之后，再装到信封里到邮局寄出去，都是这样。"帮老师誊抄稿件也使他练出了一手好字。

手术、学习是那个阶段张师前生活的主旋律，他却仍在寻找充实自身的其他途径。于是他将闲暇时间全部投入到了图书馆。"当时有一个杂志叫作《国外医学妇产科学分册》，介绍国外妇产科的一些最新进展，我对此很感兴趣，只要有时间就泡在图书馆里找外文杂志。其中最常见的包括美国的妇产科杂志 *Current OB/GYN*（《现代妇产科》）等。"张师前不仅仅停留在浅层的阅读上，为了使阅读得来的讯息真正成为自己的知识，他常常握着笔，翻译、整理学术文章。受老师的影响，他也会将自己的翻译作品连同复印的杂志原文交给江森老师，请老师指正，修改后再誊抄投稿。"有长的也有短的。小译文、小豆腐块也有，有些长的叫作编译。编译就是把几篇主题相似的文章放在一起，我自己进行整合，编译出文章。整个读博期间，《国外医学妇产科学分册》几乎每一期都有我的文章，到现在我都还珍惜保留着。"

笔仍是那支笔，年轻人笔下的每个字也都依然带着看得见的认真，他眼中却有了更明亮的光。这如同砖块一般，一篇一篇的稿件垒出了真正的高楼。"跟着老师出去开会，有些外省的专家，常常读到我的文章，见到我都很惊讶。那时内蒙古医科大学史肇光教授就说：'你就是张

一切出色的，都是朴素的

师前啊！我以为你得是个六十多岁的老头呢！'从那时起，大家就知道山东妇产科有个大夫叫张师前。"

除了"握手术刀"与"握笔"的方式，谈到恩师的言传身教，张主任吸了一口指尖的香烟，还开玩笑说自己抽烟就是老师教的。"那时候在江老师的办公室里，就一个小屋，我誊写自己的稿子，或者帮他老人家抄稿子，他就抽着烟办公。他抽凤凰烟，撒上风油精，闻起来味道很香，不像我们现在抽的烟很呛。一开始他老人家说是抽着玩，抽两口我也就扔了。跟着老师时间长了，我就能抽上一支了，再过了段时间，他不给我烟，我也想抽了，哈哈。"

1998 年，省卫生厅签发了一份援非的通知。在此之前，张师前的视野中心一直是手中的手术刀、掌心里的书、指间的笔，他的世界就由双手铺展开来。这项从 20 世纪 60 年代开始的援助，给面临发展瓶颈期的他点亮了一个新的灯塔。那个年轻人怀着最淳朴的好奇与热血，掌舵再起航。

也许那正是他抬起头来看更宽广的世界最好的时机。脱产一年习得了坦桑尼亚的官方语言——斯瓦希里语，之后，张师前登上了去往非洲的飞机。几经辗转，张师前所在的五人小队抵达了坦桑尼亚的政治首都——多多马，并在多多马综合医院（Dodoma General Hospital）入职，作为医疗援助人员开始了为期两年的工作和生活。

张师前提到在坦桑尼亚的生活时说起，一次异地会诊常常需要折腾一周。从烦琐的申请审批到形同虚设的火车时刻表都使跨医院跨地区会诊的路途变得漫长坎坷。我们隐约能从中窥见在客观条件限制之下援非工作的艰辛，但同我讲述援非经历的张主任神色之中却不见一点抱怨，甚至在描述火车不准点的细节时，语气中也最多只是无奈。

谈起援非的经历时，张主任对非洲高发的传染性妇科疾病和因过于崇尚"自然生育"给无数女性造成瘘疾的社会现实感慨不已。"所谓瘘就是生孩子时，滞产的胎头压迫膀胱、直肠时间过长导致的坏死。我此前在国内没接触过这种病人。咱们的技术和卫生保健措施好，生孩子都有助产士。出现这种情况，咱们早就进行剖宫产了。那边崇尚自然生育，自己生。一天生不下来两天，两天生不出三天。"作为一名妇产科医生，张师前并未止于感慨。他清楚地认识到自己无法撼动这样根深蒂固的社会意识，为了减轻患者的痛苦努力学习修复瘘的治疗手段。"我就先因地制宜专心研究手术学，然后跟着坦桑的一个大夫学习修补瘘。虽然他的修复技术不是很好，但确实掌握这个技术。就这样，我也慢慢地把修补技术掌握了。"

所谓医者仁心，或许就是如此。一双眼，永远为病疾动容；一双手，永远为治愈伤痛。

这双被阿克索吻过的手在非洲大地上创造的奇迹不止于此。"在那里，我还做了坦桑尼亚首例阴道成形手术，首例子宫肌瘤患者被我治愈后也生下了孩子。"这些都被坦桑尼亚的每日新闻和独立电视台报道了出来。

为了传递知识，为了减轻更多人的病痛，也为了记录，张师前还在坦桑尼亚创办了两册英文杂志。只是美好的故事似乎难免有些遗憾，这两册杂志并未流传下来。

因工作忙碌，张师前未来得及感受非洲风土的遗憾，也因为参演国产电视剧《永远的非洲》得以弥补。"既当演员、保健大夫，还当剧务。三个月时间，跟着剧组走遍了坦桑的大江南北。"张主任并未再详述这趟旅途中遇见的人与事，只说："对坦桑的体验比在医院当一名大夫要更深刻。"

五、太阳的孩子们

2001 年，张师前回国。2002 年，开始作为研究生导师承担研究生的教学工作。2012 年，开始承担博士生导师的工作。

说起自己的导师身份，张主任着重谈了自己的一个教学习惯——在学生中办读书会。"我们每个月有一个专题，例如这个月是宫颈癌，大家都读一些相关的文献，然后一起交流探讨。你读一篇，他读一篇，咱们这个队伍二三十个人每人读一篇，就相当于每个人每个月都读了二三十篇论文。这实际上也是一种共同提高。"作为导师，他也手不释卷，平等地参与到读书会当中，"我再怎么忙碌都要抽出定时间和学生一起学习。"说到此处，张主任一扫向我们讲述过往时的轻松，态度迅速转为严肃认真。

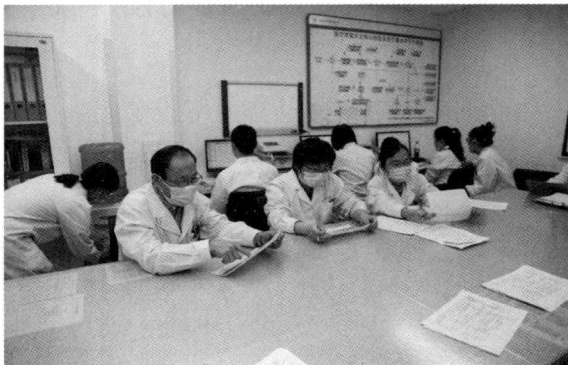

张主任与我们剖析了他十分关注的年轻人的成长问题。"现在最重要的问题是，如何让年轻人成才，如何让年轻人能够真正起到中流砥柱作用？"这两个对"年轻人才"本质振聋发聩的发问，是张主任作为医学权威、妇产科专家深思熟虑之后总结出的。他也给出了自己从多年学习工作中总结出的答案："医学与数学、物理等学科相通又不同，它是一个融合运用几大交叉学科的发展之后取得进步成果的学科。"首先，张主任以"互联网＋医疗"为例，解释了医学的特殊性。这一特殊性将其与纯科学区分开来。"而医学人才的成才除了研究学习，还要再加上临床知识经验的积累，这样才能真正成为一个'大家'。"就此处提出的"大家"的概念，张主任进一步解释道："我们可以将博士或者博士后作为人才引进，给他当大夫的平台，但是他必须要踏踏实实地去锻炼。若要说博士毕业就是医学专家了，他可以被称为'专家'，但他不一定是一个好的医生。"

张主任还提出了一个"医学家周期"的概念。"我个人认为当大夫的周期是 30 年。只有当你五十多岁，也就是经过了接近三十年的锤炼之后，你才可能成为名副其实的医学家。30 多岁我认为还不成熟。"张主任认为人才的成才可类比"打铁"。"打铁"往往需要反复地锻造与淬炼，他认为，医学人才的成才亦是如此。

因此，他严正呼吁，医学的发展与其他的学科是有差别的，所以培养医生一定要避免急功近利的思想。

张主任本人对于妇产科的一些看法实际上也印证了他所提出的经验与医学家之间的关系。例如张主任就自身比较关注的以宫颈癌为代表的妇科疾病的防控，提出了两个要点。他强调，作为妇产科医生，应尽力推进宫颈癌的一级预防，也就是 HPV 疫苗的注射；应尽力推进机会性筛查的普及，他认为这是一项"责任工程"。并直言，宫颈癌作为一项可预防、可早期治疗的疾病，任由其发展是医疗行业的一种失职。

另外，他也详细解释了肥胖与女性身体健康的密切关系。"女性的肥胖，可能会导致不孕；随着年龄增加，肥胖会导致子宫内膜癌发病率提高；高龄肥胖会导致心脑血管的发病率上升。实际上，肥胖是事关女性全生命周期健康的一个管理问题，所以必须要重视。"张主任还特别强调了培养孩子健康饮食生活习惯与从小做好体重管理的重要性。

我几乎可以从这样的话语中看到站在讲台上以言语与行动示范着医者仁心的张师前。他言语中所透露出的恳切与妇科医生的使命感无法简单从纸上得来，必定来自他三十年工作教学经验的累积。

六、英雄的故事

虽只是浅薄地了解到他人生中片段的故事，我仍在写作这篇文章时不时地陷入对张主任所描述的过往时光的想象。再结合他分析专业问题时严肃的神情，与他考虑到我的医学认知水平而在讲述中特意增加的解说后，他作为一位"大医"的形象就更加立体鲜明。

是张师前主任的人生经历造就了如此一个好医生吗？

我想，不全是。

他质朴，他勤奋，他冷静，他清醒。他关注着社会的现象，与苦难共情；他精进着自身的能力，为祛除病疾。他以双足、双目、头脑，行走、观察、思考。他具有作为一个优秀的人所应当具备的一切品质。

还有他的双手，他那双能治愈患者苦痛，开拓行业未来的手，那是他能够敲开医学大门的基础，是他能够成为临床圣手的法宝，是他能够成为业界巅峰的翅膀。

那是一双真正的"妙手"。

于是，若要说起如何描述齐鲁医院妇产科主任医生张师前，最贴切不过"妙手仁心"。

代安娜

担山人的风景

——首都儿科研究所附属儿童医院武玉睿

专家介绍

武玉睿，男，副主任医师，硕士，中共党员。现任首都儿科研究所附属儿童医院胸部及肿瘤外科主任。1999年毕业于青岛医学院儿科学系，2017年美国芝加哥大学附属儿童医院访问学者，2019年7月由山东大学齐鲁儿童医院调入首都儿科研究所附属儿童医院。

对儿童胸壁畸形（漏斗胸、鸡胸等）、各种肿瘤（纵隔肿瘤、肝母细胞瘤、肾母细胞瘤、复杂神经母细胞瘤等），以及先天或后天性气管食管瘘、膈疝、膈膨升、食管裂孔疝等均有丰富治疗经验，尤其擅长微创胸腔镜及腹腔镜技术。

曾先后获得济南市卫生系统"优秀共产党员""十佳医师""青

年技术创新能手""建功立业先进个人""卫生文化建设先进个人"
等多项荣誉称号。

兼任中华医学会小儿外科分会内镜学组委员、胸外学组委员、营
养学组委员，中华医学会小儿普胸精英俱乐部成员、中国妇幼保健协
会微创分会常务委员、小儿胸外学组副主任委员、中国研究型医院学
会胸外专委会青委会常委、中国抗癌协会小儿肿瘤专委会委员等。

杜甫《望岳》里"会当凌绝顶，一览众山小"，是观景者登高望
远的绝唱。不辞辛劳，埋头攀登，一旦登顶，众峰尽览——泰山担山
人具有最切身的体验，其中也蕴含了人生奋斗的哲理。今天看武玉睿
的从医之路，一如担山人的登顶经历。

武玉睿，临沂人，骨子里透着沂蒙人踏实厚重的优良品质。他
1994 年考入青岛医学院儿科系，1999 年到济南市儿童医院上班，从此
一头扎进莽莽丛林，不知钻过多少荆棘丛，爬过多少坡，蓦然抬头，
已身居峰峦高处。

■ 第一个重要里程碑

2012 年，武玉睿以儿童医院外一科主治医师的身份，斩获济南市
"十佳医师"荣誉称号。那是他从事小儿外科专业工作第 13 个年头，
已任济南医学会内镜专业委员会委员。媒体报道："他始终坚持以病
人为中心的服务理念，把医疗质量与病人安全放在第一位，遵守医疗
安全各项核心制度、规范诊疗行为，合理检查、合理用药、合理治疗。
在低体重儿食道闭锁、膈疝、肥厚性幽门狭窄、环状胰腺、肠旋转不良、
先天性巨结肠等疾病诊治方面积累了丰富的经验，独立成功完成各种

大、中型手术 5000 余例。坚持创新，成功开展小儿腹腔镜手术，极大地减少了患儿的手术创伤，大大缩短了住院时间。在国内较早开展单孔腹腔镜腹腔内荷包缝合法疝囊高位结扎术、梅克尔憩室切除术，使儿童医院小儿腹腔镜微创外科短期内达省内先进水平。坚持科学研究，发表国家级核心期刊论文多篇、主编著作 2 部，积极为病人提供优质服务，病人满意度、个人道德积分位于医院前列。先后获济南市卫生系统外科医师基本技能竞赛个人一等奖、医院感染管理岗位技能竞赛个人二等奖、济南市卫生系统优秀共产党员、青年技术创新能手、院十佳医师及优秀员工等荣誉称号。"

▌▌ 里程碑背面的铭文

怀着一颗爱心学医，擎着千钧责任治病。工作，蕴含着太多美和价值追求，这是优秀和一般的区别。

武玉睿刚来儿童医院的时候，医院和他自己都这样评价：底子薄，水平低。这都不是事，发展、进步，不仅是一个人、一家医院的主旋律，整个民族也是如此。2000 年定科，2001 年去湖南儿童医院学习腹腔镜技术，2003—2004 年在北京儿童医院进修学习，获得"优秀进修医生"的美誉和"战地记者"的别号，以及"优秀共产党员"的荣誉称号。

优秀，还意味着顶尖医院的先进技术拿在手里。当时，内镜技术方兴，而一切新生事物的发扬光大，都需要专业人员的推动，而医院管理必须考虑风险控制、成本核算等一系列问题。

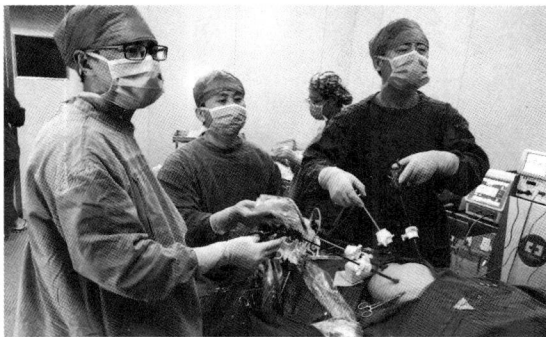

手术中的武玉睿和他的团队

为了表示决心和必胜信心，武玉睿自愿拿出 10 万元购置设备。他的决心和热情感动了领导，儿童医院购进了第一台腹腔镜。设备进来了，武玉睿像战士得到得心应手的武器，胜仗一个接一个，到年底，9 个月累计做了 195 台手术。那段时间，他像着了魔，走路、吃饭、睡觉，脑子里萦绕的都是微创手术。专注迎来的是个人技术水平不断提升，医院名声不断拉高。山东大学齐鲁儿童医院，2012 年成为全国第三家胸腔镜食道闭锁手术开展单位，2015 年成为全国第二家腹腔镜肝叶切除术开展单位。虽然每次开展新手术风险巨大，但为了挽救幼小生命，必须放大胆子。

里程碑背面镌刻着细心、精湛、大爱、大胆。

那一级级台阶

长路漫漫总要一步步走去，高山巍峨必须一级级攀登。积跬步，成千里，从治疗每一种大小病症开始，我们仅以小儿疝气为例。

小儿疝气是小儿高发疾病之一，几乎都是腹股沟斜疝，极少自愈；

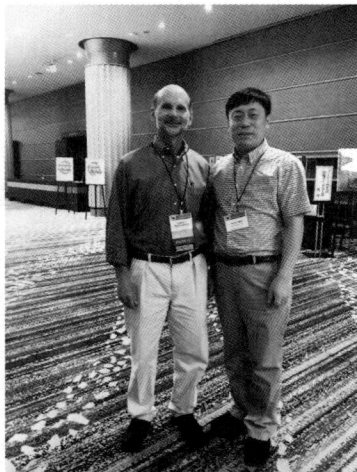

与美国小儿腔镜外科之父——洛矶山医院 Rothenberg 先生交流学术

小儿鞘膜积液的孩子，1 岁以内自愈率较高，但 2 岁之后很难自愈，均需要手术治疗。传统手术是在腹腔外手术，从患侧下腹部做长约 2 厘米的横切口，无法看到对侧的情况，日后经常有另一侧出现疝气或鞘膜积液，再返院进行二次手术。武玉睿采用的腹腔镜微创手术就像是把眼睛放到肚子里，通过腹腔镜大屏幕的放大作用对腹腔内情况准确观察并进行手术，手术中有时还会意外发现其他病变，可以一并处理。有单侧疝气需要住院手术的患儿，在进行微创腹腔镜手术时，可做双侧观察，如另一侧也有问题，可以一次手术全部解决。对女孩疝气手术不用横断圆韧带，只需将其一起缝扎即可，所以不存在因此引起成年后外阴不对称、子宫移位等病变的可能。武玉睿团队开展的经脐双通道全腹腔内缝合法治疗小儿腹股沟斜疝技术已经达到国内领先水平，这种手术只在脐窝一个部位做切口，就能解决双侧的疝气病变，术后切口疤痕隐蔽在脐窝内，避免了术后疤痕烦恼。

常见病能做到技术精细尖端，乃医者大道。

还有些疾病比较罕见。有一名来自商河的 33 周早产女婴，出生后因呕吐、不排便被送往医院治疗。武玉睿接诊后，立即为患儿做了检查。经检查发现，患者为先天性肠闭锁，同时伴有房缺、室缺、动脉导管未闭、肺动脉高压、三尖瓣返流等先天性心脏病。入院时，患儿精神反应差，体温为 35℃，面部及大腿外侧有发硬肿块。由于患者太弱小，武玉睿担心她在手术中不能耐受而发生危险，于是决定先行保守治疗，在做了充分准备后，为患儿实施了肠切除 – 肠吻合术。武玉睿打开患儿的腹腔后发现，患儿为少见的三型肠闭锁，仅有一根血管供应营养，小肠盘曲在这条血管上，似"苹果皮"状，全部长度不过 20 厘米。武玉睿将患儿闭锁的远、近端肠管吻合后，将肠管与腹壁、侧腹壁在自然状态下进行了固定，以避免肠管钻入空缺处形成内疝，造成肠坏死。手术顺利实施并获得成功。

幼吾幼以及人之幼

武玉睿在日常医疗工作中接触各类病儿，及至自己有了孩子，做了父亲，更能体察"可怜天下父母心"的况味。

省城一家三甲综合医院儿科，转来一位因血小板减少性紫癜引起马上要脑疝的患儿。经会诊，如果想挽救患者生命，必须做脾脏切除

患者为武玉睿及科室送锦旗

手术。而化验结果显示，患者的血小板数值太低，根本不适合手术。情况危急，眼看孩子分分钟危险逼近。患者父母几近绝望地哀求："你们救救孩子吧，手术有风险，但不管遇到什么情况，我们自己承担！"患者年龄跟自家女儿相仿，武玉睿此时深切地感受到一个父亲的心情。出于同情和责任感，他要出手一试。出于医生的职业素养，他认为孩子有治愈的希望，但必须严谨细致地做好各方面准备。做通方方面面工作后，手术定于次日早晨做。

这一夜，武玉睿把能想到的风险都想了，把所有疑问都打电话请教了专家和师长，提前向省市血液中心申请血液保障，最终，手术成功，孩子转危为安。

笔者打电话采访了这位东北患者的父亲，他的话语中充满对齐鲁儿童医院和武主任的感激之情，他认为武主任不仅医术高超，更可贵的是有情怀，有担当，为救孩子不怕担风险。

问及武玉睿当时的想法，他说："这没什么，治病救人是医生的天赋使命，关键时刻容不得含糊犹豫。"

百花开时春方好

在齐鲁儿童医院，不管哪个科，只要是跟武玉睿有过工作交集的，都对他的大局意识、业务能力印象深刻。只要是别人需要，他都毫无保留地提供帮助，在他的影响下大家一起进步。呼吸介入科、B超室、麻醉科、血管介入科、消化科、放射科等兄弟科室都与他的科室有着

紧密的业务交流与联系，这些科室都达
到了国内先进、省内领先水平。有了这
种协作精神，大家工作中衔接顺畅，配
合默契，全院整体医疗水平、服务水平
全面提升。

　　齐鲁儿童医院的外科诊疗水平在精
细化、微创化的方向上发展很快，在全
国名列前茅，在省内外产生了较大影响。

　　武玉睿的业务能力，尤其在腹腔镜

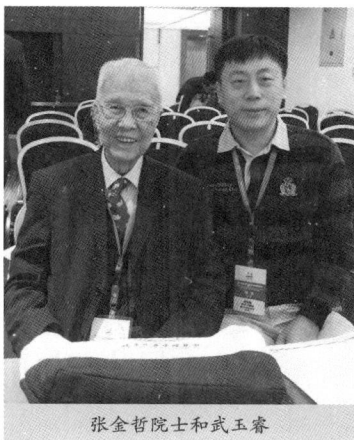

张金哲院士和武玉睿

微创肿瘤切除术方面，得到了我国小儿外科泰斗张金哲院士的赞赏。
在不久前的一次会议上，张院士专门约武玉睿讨论小儿肿瘤的微创腹
腔镜治疗技术，这让他受宠若惊、深受鼓舞。

　　今后，武玉睿会在小儿微创手术、胸外科、肿瘤外科方向继续努力，
争取取得更大的成绩。

李耀华

老年专业先驱者，保健科室领路人

——山东第一医科大学附属省立医院邵建华

专家介绍

邵建华，山东第一医科大学附属省立医院主任医师，教授，博士研究生导师。山东省立医院原大内科、心内科、干部保健科主任，山东省心血管病学会主任委员，第五届中华医学会心血管病分会委员及《中华心血管病杂志》编委。1991 年获评国家卫生部部属高等院校优秀教师；1992 年获评全国卫生系统模范工作者，享受国务院政府特殊津贴；1995 年被国务院授予"全国先进工作者"称号；2006 年获评第三届"中国医师奖"；2020 年获中华医学会心血管病学分会颁发的"鲐背奖"。

2020年十一月末，我们借山东省卫生保健协会"卫生保健成就奖"颁奖之行有幸采访到我国著名心血管病专家邵建华教授，当得知他今年已八十六岁高龄依然坚持每日出诊时，敬佩之意油然而生。在这个年代，大多数人年过七旬都会选择退休在家，邵建华教授却仍然在一线奋战。他认为和患者交流沟通，为患者排忧解难，是最能实现自我价值的方式。他热爱自己的事业，关心患者胜过自己。采访前我们从保健科主任王建春那里了解到，邵建华教授前几天刚病愈出院，没两天便又回到自己的工作岗位上，这样大无畏的高尚情操深深地触动了我们的内心。

山东省卫生保健协会会长高海青、副会长王建春为邵建华教授颁发"卫生保健成就奖"

树立学医志向，明确学医目标

邵建华教授回想自己的从医初心，源于高中阶段经历的两件事。一件是有一年大年初一，他的父亲上消化道大出血，紧急赶往医院。由于是假期，好多人都已放假。当时接诊的医生发现父亲出血量大、血压偏低，需要紧急输血，但血库中符合父亲血型的血液存量不足，血型符合的医生便撸起自己的袖子为父亲献血。正是医生这种只为别人、不为自己的高尚精神感动了他。另一件是他在校读书时，有段时间嗓子疼痛伴随发热，之前没有遇到过这样的情况，整个人难受得不得了。服用了医生开的药，两三天就有了显著的疗效，他顿时感觉医生真是了不起，学医的愿望更迫切了。

1951年邵建华高中毕业后，参加全国统一招考，如愿考入齐鲁大学医学院（今山东大学齐鲁医学院）。从家乡福建北上数千里，来到

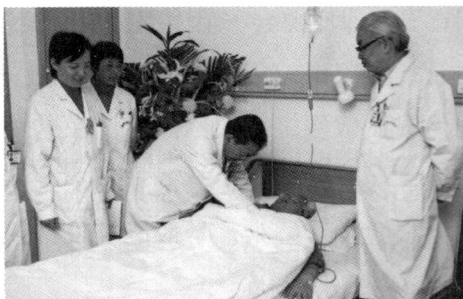

山东济南，他说："齐鲁大学医学院是当时国内四大医学院校之一（北协和、东齐鲁、西华西、南湘雅）。"话语中仍显现出当年那少年一般的自豪。

与他同期入学的校友共八十余人，和过去历届相比翻了一番。那时是新中国成立之初，各行各业百废待兴。医学行业医疗条件差、人才稀缺、设备匮乏的问题非常突出，学医条件也很艰苦，但每个人都秉持"明知山有虎，偏向虎山行"的精神坚持学习。经过几年的学习，邵建华更明确了学医的目的：为病人治病，为人民服务。学医之路是艰辛的，是坎坷的，但也是光荣的，回想最初自己选择学医的决定，他说，这是我做的最正确的选择。1956年，邵建华从学校毕业步入工作岗位后，在专业选择时选定了心血管病方向。究其缘由，一是受前辈影响，在学习、实习阶段接触到很多心血管病专业的医生；二是心血管病是威胁人类生命的重大疾病之一，而且是常见病、多发病。面对如此具有挑战性的专业，他坚定方向，迎难而上。

岁月打磨了你的面容，但无法改变你的初心

邵建华教授自进入山东省立医院工作起，便深深扎根山东。从最初22岁的青年小伙、实习医生到如今86岁的耄耋老人、返聘专家，从医之路已历经64年的风风雨雨，他是共和国医疗事业的见证者和建设者。专业方面他硕果累累，教学方面他桃李满天下，医患方面他从未受到患者投诉。自从医开始，他就是同事心中的好搭档，学生心中的好榜样，患者心中的好朋友。他说，病人把健康和生命都寄托在了医生身上，医生的责任就非常重大，就要有高度的责任心和同情心。

作为知名专家，找他看病的患者往往都病情复杂，但他总是耐心细致地为患者抽丝剥茧一一解答，尽力为患者排忧解难。他认为，作为医生当以治病救人为天职，任何时候都要把患者生命放在第一位，做人做事要做到问心无愧。

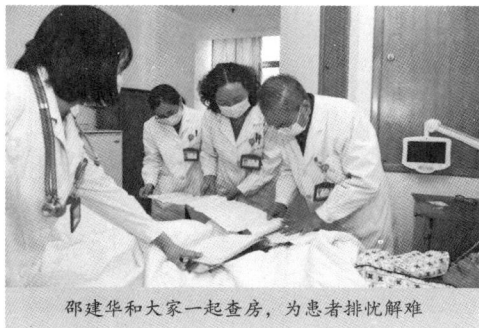

邵建华和大家一起查房，为患者排忧解难

邵建华教授总结自己多年的行医经验，认为治病是一个通过症状寻找病因，透过表象发现实质的过程，这个过程需要医者辩证思考，根据长年累月积累的知识、经验，一层一层拨开迷雾，找到根源。"医学处处体现着辩证法的思想。同一疾病可能有不同的症状，同一症状可能反映不同的疾病。"当面对身患多种疾病的患者时，医生更要学会分清主次矛盾，不能眉毛胡子一把抓。"这就需要年轻医生具有全面扎实的基本功，只有拥有广阔的知识面，融会贯通，才能帮病人制定出最适合的治疗方案。"作为一名医生，不能过分依赖检查数据，数据是死的，人是活的，要善于发现、善于思考、善于进取。

他还强调，在求知的过程中，无论失败与成功，都是珍贵的经验，而经验是让医者攀登高峰的基石。"高尚的医德，精湛的医术，艺术的服务"，这是我国泌尿外科专家吴阶平老人提出的为医精神的三大标准。"对病人而言，他们不仅需要高超的医疗技术，同样还需要人文关怀。"这是邵老从医六十余年的感悟。他认为医疗既是一门技术也是一门艺术，而医疗服务的艺术在于细致周到、无微不至地替患者着想。与患者沟通时，不同的处理态度会产生截然不同的效果。邵建华教授面对的大多数患者是老年人，病人由于身体机能退化往往话说不到重点上，声音很大但答非所问，这就需要问诊的医生多一些耐心，如果是不耐

烦的三言两语，既不能解决问题又会耽误患者的治疗。人性化服务是医疗过程中不可或缺的要素，对病人要有耐心，要有同情心，要能做到换位思考。"多几句解释，给病人安慰和希望，治疗效果更好，医患之间的交流也会更顺畅。"他说，多一些沟通，讲清楚、说明白，才能得到患者与家属的理解。

他在省立医院工作的 64 年，处理医患关系始终坚守"带着感情下病房，想着患者开处方"的原则。他曾参加过农村巡回医疗队，深知农民之苦，因此每当遇到家庭条件较差的患者，他总是想方设法为患者着想，可做可不做的检查不做，可用可不用的药物不用，能用便宜药物解决问题就不用贵药。

患者对他也是如亲如友。"一个小小的细节，可能就会拉近与患者的关系，赢得患者的信任。"面对当下热议的医患关系问题，他说："要从思想上关心病人，从细节上体贴病人。"例如他有一个小习惯，

冬天给病人看病时，他总是先把听诊器金属在胸前搓一搓，或放在手心焐热后再为病人听诊。这样看似微不足道的细节，病人却会看在眼里，暖在心里。

生命在于战斗，奉献源于热爱

邵建华教授接到退休通知时，觉得一切都好快，仿佛初到医院参加工作就在昨天，一转眼已经到了要与这份职业分别的时刻了，但他不想离开这熟悉的地方、熟悉的岗位。对他来说，这里是奋战了几十年的战场，这里有他热爱的事业、同事、患者，他感觉身体里依然迸发着强大的能量。

没过多久，他接到医院返聘通知。于是，像是中场休息过后毅然踏入下半场比赛的球员，他选择再次回到他热爱的熟悉的地方，去战斗、去奉献……2002 年，他接到医院通知，承担起重建保健系统临床科室的任务。他满腔热血，仿佛又回到了刚担任科室主任的时期，繁忙的工作并没有让他感到疲惫，他带领大家制定规划，明确目标，迅速实施。保健科日益茁壮，医疗队伍渐渐壮大。作为重建保健科的扛旗人，他如今仍是大家的主心骨，是大家的领路人。如今的保健科主任王建春既是邵建华教授的接班人，也是他的学生。说起老师，王建春说："我自从大学毕业分配到省立医院工作就一直跟随邵主任，邵老博学儒雅，师德高尚，我们这些跟着他的学生一直视他为偶像，亲切地称他为'活字典'，每当遇到诊断不明或治疗困难的疑难病例时，就习惯性地请教他，他总能为我们指明方向。现在邵主任仍然健康、睿智、充满活力，每天都来科室坐诊、查房，这既是患者的福气，也是我们的福气！"

"我没有什么突出建树，只是做一名尽职尽责的医生。"

"生命科学非常复杂，医学技术更新也非常快。"邵建华教授说，当一名合格的医生并不容易，要做临床中的战士、科研中的勇士，需要时时刻刻不断学习。他如今还坚持每天晚上至少看书两小时，了解自己研究领域的最新进展。"我已是'超期服役'了，当了一辈子医生，

闲不下来。"他说。现在没有特殊情况，他每周有五天上午会在医院坐诊或查房，其他时间如果有疑难病例，他也会从家里赶来参与会诊。

他认同我国外科鼻祖裘法祖的名言："做人要知足，做事要知不足，做学问要不知足。"作为一名医生，知足并非故步自封，不求上进，而是要在工作中老老实实做人，踏踏实实为患者诊病，抵制诱惑，不可有非分之想。不知足是要看到自己的不足之处，虚心学习，始终保持一颗求知之心。他常说：两个人想到的总比一个人想到的多。

邵建华教授认为，医生是一种需要付出毕生时间和精力的高危职业，平时工作加班加点，闲暇充实自身，危难之时更要冲锋陷阵。但从迈入这个行业开始，他就矢志不渝地热爱这份事业："做医生的前提就是要有奉献精神，要不怕苦、不怕累，甚至不怕死。"面对各种疫情，医护人员是冲在最前面的人，明知前方事态严峻，困难重重，但医者没有退路，这就是职责担当。

他在面对患者时宽以待人，细致入微，在工作学习中严于律己，不忘初心。六十四年，如一日。"其实有很多像我一样的老医生。"他说，"我们都是新中国成立后第一代大学生，接受的教育就是全心全意为人民服务，这样的教育可以说影响了我的一生。""全心全意为人民服务"是他们这一代人的共同信念，对工作的担当，对医学的求索，对患者的关爱，是他一路走来的动力源泉。

在这份热爱的引导中，在这样的动力驱使下，他为医疗事业无私奉献了一生。

长期从事老年病专业的邵建华教授，对现阶段老龄化严重，心脑血管疾病、呼吸疾病、神经性疾病等老年病多发也有自己的见解。拥有高品质的、健康的晚年生活是人们梦寐以求的，邵建华教授指出："从医生方面来说，要倡导健康养老的生活方式。现代人的寿命延长了，提高老年人晚年生活的幸福感是我们的目标。"他强调应当一方面着力于宣传科普，另一方面研究如何抗衰老。老年人晚年的生活质量得到保证，是家庭的幸福，也是社会的幸福。

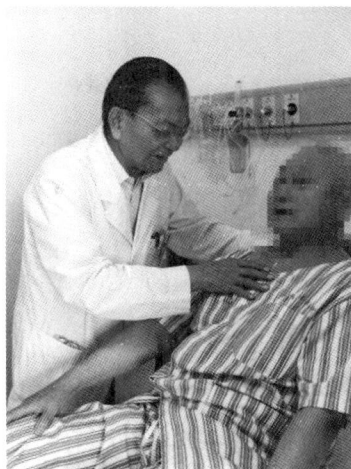

邵建华教授的从医经历如同一部医学史书，每个人提起邵老都会佩其医德，赞其仁心，邵老用一生诠释了"医者"这个名词，他是我们学习的榜样，也是我们的骄傲。

邵建华教授曾获全国劳动模范、全国先进工作者、第三届"中国医师奖"等重要奖项。面对各项荣誉，邵老自我评价："六十余年的从医经历，我没有什么突出建树，只是做一名尽职尽责的医生。"

当今社会各方面发展迅猛，医疗技术日新月异，回望新中国成立初期医疗行业种种捉襟见肘的情景，可以说没有老一辈从医人员不畏艰辛迎难而上、开疆辟土奉献自己，全心全意为人民群众的健康奋战终生，就没有今天处于世界前列的中国医学成就。

侯仰东

老年专业先驱者，保健科室领路人

值得患者托付生命的保健大医生

——山东第一医科大学附属省立医院王建春

王建春，女，主任医师，医学博士，硕士生导师，1985 年 7 月于青岛医学院医疗系毕业，毕业后分配至山东省立医院工作至今。现任山东第一医科大学附属省立医院保健科主任。

擅长心绞痛、心肌梗死、高血压病、风心病、心肌炎、心肌病、心律失常和心功能不全等疾病的诊断和处理。

主持并完成省级科研课题 6 项，获山东省医学科技进步三等奖 1 项（首位）。现承担国家科技部重点研发项目子课题 1 项及国家横向研究课题 1 项。

兼任澳大利亚查尔斯王子医院访问学者、山东省医学会老年医学

曾经，保健科在人们心中是"疗养"而不是"治病"的地方，本篇我们的主人公就是把保健科打造成挽救病人生命的地方，以"解除患者痛苦，挽救病人生命"为己任的保健大医生——王建春。

王建春1985年从青岛医学院本科毕业后，分配到山东省立医院工作至今。其间，她1995年考取了山东医科大学心血管内科硕士研究生，2001年又以优异的成绩攻读该校的博士研究生，师从著名心血管病专业名医邵建华教授，为以后的工作打下了坚实的基础。

视患如亲

一名医生的敬业精神如何表现？在王建春这里，我们找到了答案：敬业中应包含着责任和奉献，不计较个人得失。

心血管科急症病人最多，无论是万籁俱寂的深夜，还是寒风刺骨的清晨，甚至当大家都沉浸在节日欢乐的气氛里的时候，一旦病房有紧急情况，她接到电话都会在最短的时间赶到医院，迅速投入抢救。从医三十多年来，她几乎没有休过一次完整的假期，在她身上，"时间就是生命"这句话得到了淋漓尽致的体现。

保健心血管科的病房床位使用率极高，在这里住院的病人往往年龄大，病情危重、复杂，没有一劳永逸的长期治疗方案，必须根据病情灵活调整、及时应对。每一名患者是什么样的病情，发生了什么细微变化，王建春都能做到心中有数。探望患者、和家属谈话、查房、下达治疗方案、开医嘱、抢救……这些工作，她总是亲力亲为，即使周末也不例外。病房走廊里，总有她匆忙的背影。远远看上去，她就像是一个不知疲惫的陀螺……她的手机24小时开机，科室的任何人，在任何时候，碰到任何问题，都可以和她联系。在她的带领下，科室的医生和护士早已养成了习惯——除了早晚两次查房外，每个人随时都在观察病人病情的点滴变化，并及时修改医嘱。正是因为这种高度负责的态度，他们一次次避免了病人病情恶化，将危重病人从死神手中抢救回来。

除了高超的医术，王建春更让患者赞赏和同事佩服的是她高尚的医德，以及待患者如亲人的仁爱之心。"每一个病人，只要到了医院，都是因为遭遇了各种各样的困扰和痛苦，作为医生最直接的职责就是帮助病人了解病情、解决困难、化解危险。"说起自己从医三十多年来的感悟和体会，她表示："我们面对的病人绝大多数是老年人，来自社会各界，不管病人身居何职，进了医院没有高低贵贱之分，治病救人是我们做医生的天职。"

走在省立医院保健心血管科病房的走廊里，记者注意到，墙壁上悬挂着多位患者赠送给王建春和该科室医护人员的书法作品"德艺双馨""视患如亲"，一面面

锦旗也见证着她对待患者的真心、爱心、细心、耐心和责任心。"作为一名医生，最重要的是具备高度的责任意识，患者在遇到健康问题时都非常无助，他们找到我们，就是把生命托付给了我们，这是天大的责任！"王建春感慨地说道。尽管工作常常加班加点，节奏紧张，王建春始终保持着温和亲切的态度。无论多忙，对患者提出的每一个问题，她都会面带微笑地细致解答，让病人感到无比温暖。病人的病情越重往往越敏感，医生的态度对他们的病情康复也就影响越大。王建春时常对她的团队说："同样的话，用不同的语气和表情会让患者有不同的感受。"日常工作中，她能细心地记住病人服用的每一种药物、每一个检查结果、每一个化验值，却时常记不住一个简单的节假日。长久以来的耐心和细心，换来的是病人的真心和放心。提到王建春主任，很多病人共同的感受就是，见到王主任心里就踏实了，病也感觉好了一半。从医近三十年来，王建春从未发生过一起医疗纠纷，也从未收到过一例病人投诉。

在医患关系紧张的今天，王建春认为："我国已经进入老龄化社会，老年人心脑血管疾病的防治意义重大。老年心血管科病人和普通心血管科病人的特点有很大的不同，年龄大、多种疾病并存、多种药物共用、各器官功能衰退、生活能力减退、思维方式独特的老年患者，临床表现复杂，诊断、治疗难度大。因此，老年心血管疾病的治疗和预防是我们面临的新挑战。针对老年人的特殊性，要想在防治心血管疾病、延长寿命的同时保持良好的生活质量，我们既要有本专业特长，又要具备同时处理多种疾病的能力，做到一专多能，只有这样才能更好地为患者服务。这要求我们有更

值得患者托付生命的保健大医生

高的政治觉悟，更多的追求，更大的责任心，承载更多的社会责任。"

▌▌生死时速

　　近年来，王建春凭借强烈的责任心、精确的诊断和迅速有效的急救措施，在一次次与死神赛跑的较量中，将病人从死亡线上拉回来。2014 年冬天的一个下午，一名 48 岁男子因感觉浑身乏力赶到山东省立医院就诊，王建春接诊后发现患者面色苍白，听诊心率较慢，心电图仅显示 I 度房室传导阻滞，仔细询问病史，患者一周前曾有感冒和发热症状。凭借多年的临床经验，王建春怀疑患者为急性心肌炎，遂急查心肌酶，各项指标都很高，当即果断安排患者住院治疗。

　　当时患者和家属都以为只是感冒，小毛病，根本没想到要住院，甚至还有些不理解。王建春坚持自己的诊断，同时对患者和家属耐心解释，最终说服了他们，将其收入保健心血管科观察治疗。在安顿好患者，并给予相应治疗后，已是晚上 7 点多钟。看到患者病情稳定，王建春向值班医生护士交代好注意事项后，才拖着疲惫的身体回家。

　　"王主任，病人阿斯发作了！"还没到家，王建春就接到了电话。原来，晚上 7 点 15 分，患者突然丧失意识，并且抽搐起来，面色苍白，心率降至 20 次 / 分左右。医护人员紧急给予静脉注射阿托品后，仍未见明显好转，病人危在旦夕。之前还有所不解的患者家属，此时已被吓得瘫坐在地上。王建春快速跑回病房，了解情况后立刻决定安装临时起搏器，同时快速联系导管室的医生护士做好准备。这时还没到家的其他医生和护士长也都迅速回到病房，投入了抢救。导管室位于另一座楼，王建春带领医护人员很快做好了转运准备：除颤仪、氧气袋、阿托品……在她的指挥下，每一个在场的医务人员都快速且有条不紊地准备着。病人被迅速推入电梯，王建春紧盯心电监护，指挥护士静推阿托品。此时此刻，11 层楼的电梯仿佛成了漫长的天梯，每个人都

在焦急地看着病人心率在 20—40 次 / 分波动，病人一次次抽风、丧失意识。电梯门打开之际，王建春一声令下"跑！"，所有人使出全身力气，推着转运车冲向导管室——这是在与死神赛跑！此时导管室的医生护士已做好了手术准备在门口迎接，大家齐心协力将病人抬上手术床，介入医生技术娴熟，导管很快置入病人的右心室，启动临时起搏器，很快心率由 20 次 / 分变为 80 次 / 分，血压也测出来了，病人脱离了危险，大家这才长舒一口气……这些生死时速的画面听起来都让人捏一把汗，事实上，对王建春来说并不陌生，"生死时速"已是司空见惯。对临床工作来说，使濒死的患者转危为安的成就感，是除了医生以外任何一种职业的从业者所不能体会的。

▋ 满园春色

和省立医院建院 120 年的历史相比，保健心血管科算得上是一个新科室。2002 年，为加强老年病医疗质量管理，省立医院将保健科重新打造，把病房分成了心血管、呼吸、消化、内分泌、神经、综合等专业病房，也就是那时王建春跟随导师邵建华教授来到保健心血管科。十余年来，保健心血管科从规范各项规章制度开始，实现了从无到有，从弱到强的巨大变化。病房医生护士的整体业务水平迅速提升，很快被广大患者和同行认可。过去保健科的病人病情相对稳定，一旦病情发生变化就要请兄弟科室医生来会诊。现在，老年科的医生每天都被其他科室请去会诊，他们处理老年患者的综合能力已得到大家的充分认可。

一花独放不是春，万紫千红春满园。王建春明白，自己的专业经验需要传授给更多的年轻人，同时自己也要学习国内外先进的专业知识和经验，科室才能持久发展，才能更好地造福患者。在王建春的带领下，科室团队形成了浓厚的学习氛围，大家养成了在比赶超中不断提升的习惯。"科室每周都有定时或不定时的业务交流，大家切磋心得、商讨疑难。"已经退休，却依然热心业务、心系科室发展的邵建华教授每周都会到科室参与会诊，将自己在门诊、会诊时遇到的典型病例和大家一起交流，这也让年轻医生有了获益的机会。王建春曾在著名的澳大利亚查尔斯王子医院进修学习一年，她致力于畅通外出交流、进修的渠道，在她的鼓励下，3名年轻医师先后到美国进修，2名医生到阜外医院深造，整体队伍的业务能力、科研能力都得到很大提高。近5年科室先后承担多项重点课题，获得山东省科技进步三等奖2项，医学进步二等奖2项，医学进步三等奖3项，发表SCI论文10余篇，培养硕士研究生、博士研究生20多名，多数已顺利走向工作岗位，有的已成长为业务骨干。保健心血管科从临床到服务，从科研到教学，方方面面的变化，无不让人有焕然一新之感。

在逐渐完善的制度约束下，这个名医院里的新科室技术实力和专业水平日渐提升，越来越引人注目。如今，山东省立医院保健心血管科已在治疗老年心血管疑难危重病人领域拥有了广泛的好口碑，成为省立医院一个响当当的品牌。这种变化和成绩，通过"局外人"的评价、客观数据的证明或许更有说服力：论技术，已有难以计数的病人在这里重获健康；论服务，病人出院后念念不忘，交口称赞；论科研，这里的大夫不仅学历高，在医学领域也颇有建树。

　　慕名来求医的危重病人越来越多，其中不乏从外地或外院转来的患者，而且大部分是多并发症患者，病情危重、复杂，方案制定挑战大，综合治疗难度大，王建春教授和她的团队身上的担子越来越重了。虽然工作量不断增加，但王建春团队的服务质量不降反升，病房全体护士更是同心协力，把护理工作做出了品牌效应，受到了住院病人的一致好评。除了做到为病人定时翻身、洗头、剪指甲这些"优质护理"外，病人入住时他们总会给予一句温暖的问候，出院前他们还会主动向病人进行满意度调查。"'接地气'并不是一句口号，而是要落实到具体行动中，正是由于所有医护人员的努力，许多危重患者在这里得到了全面的治疗和保健指导，降低了恶化再住院率，提高了生活质量，延长了寿命。"王建春自豪地告诉记者。保健心血管科在护士、大夫的努力下，不仅环境变得更温馨，而且各种细节、程序也让患者更加方便：小小的服务窗口，有花镜、有针线包，病人可以随时取用；经常举办医疗保健讲座，让病人接收健康保健、配合治疗的信息。保健心血管科像一个温馨的大家庭，科室同事之间团结和睦、互相尊敬，业务上相互学习，工作上相互支持，生活上相互帮助，大家团结一心，拧成一股绳，一切都为了更好地为患者服务。让保健心血管科团队感到最温暖的，是病人的理解和感激。"有的老人在出院的时候非得等着我们的大夫、护士都过来，要跟我们一起合影；有的病人康复后还不忘回来看我们。"这些病患对医者仁心的回报，让王建春和同事们有了不断进步、努力工作的动力。

　　除了病房的日常工作、医院会诊工作外，保健心血管科每年还承担着多种重大外出医疗保健任务，如 2009 年全国运动会、2012 年十八大保健工作等。面对重大工作，在王建春带领下，科室每次均圆满完成

任务，受到上级领导和病患的表扬与称赞。

在保健心血管科获得的诸多荣誉中，除了因业务出类拔萃荣获各种先进称号之外，还有不少是因为优质的管理与服务获得的各种奖项，如 2007 年、2012 年两次被评为先进管理业务科室二等奖，2008 年获评行风建设先进集体等。多位科室成员也收获了多种荣誉。王建春本人也先后获评 2008 年"全国三八红旗手""卫生厅优秀共产党员"，2011 年"全省干部保健工作先进个人"，2012 年"山东省十佳女医师"，2013 年"全国维护妇女儿童权益先进个人""山东省卫生厅三好一满意示范标兵"等十几项荣誉称号，并且作为卫生系统党代表，光荣地参加了山东省第十次、第十一次党代会。

好医生拥有共同的特点——他们不仅有医术，还有人文关怀。理想的医学，是科学技术和人文精神的完美结合。作为医者，王建春就是这样的好医生，三十余年的坚守，不忘初心，不负生命相托。

盛迎

追梦之路

——北京大学深圳医院李长忠

李长忠，男，1970年1月出生，中共党员，主任医师，医学博士，博士研究生导师。现任北京大学深圳医院妇产中心主任，擅长诊治各种妇科良、恶性肿瘤，子宫内膜异位症等疾病，尤其擅长腹腔镜下各种微创手术和阴道镜LEEP刀诊治各种宫颈病变。

承担国家级课题2项、省部级课题3项、厅局级课题2项，发表论文50余篇，其中SC论文20篇。曾获山东省立医院先进工作者、首届"山东省立医院诚仁科研奖励基金"获奖者、优秀党务工作者、山东省立医院优秀科技工作者、2018年山东大学优秀临床教师等荣誉。2020年2月，被授予"山东省有突出贡献的中青年专家"称号。2021年9月15日，入选第十三批济南专

　　无论哪种职业，大凡成就卓著者，皆富有理想。理想没有固定范式，更近乎一种精神预期，本质上它是一种完美的假定，支撑、引领一个漫长的奋斗历程。不管这个历程多苦多累多寂寞，有了理想就有了内在支撑。在具体琐碎的忙碌中，每一次与这种预期的接近，都会引起愉悦的情感体验和莫大的成就感。理想照耀下的奋斗，伴生丰富的幸福感。李长忠就是这样富有理想的追梦者，一个幸福的人。

一、拼搏

　　李长忠，革命老区走出的山村孩子，凭学而优读了济宁医学院，毕业后，凭品学兼优而进了省立医院妇科。山东省立医院妇科是国家临床重点学科及山东省重点学科，是由我国著名妇产科专家苏应宽教授等在新中国成立初期创立的，1983 年被国务院批准为首批博士学位授权点。来到这样的平台上，可以说是命运对聪颖勤奋的李长忠的眷顾。在这里，李长忠开始了他的医学长征，其中三个关键节点决定了他事业的宽度和高度。

住院医生的磨砺

不管接受多少异质文化，中国人的精神主体是由儒学主导的：积极入世，恪尽职守，发奋努力。"三更灯火五更鸡，正是男儿读书时。"临沂老乡颜真卿的劝学诗，某种程度已经内化为中国知识分子的生活方式。

1994年，初到省立医院的李长忠，按照惯例每年6个月在产科，4个月在妇科，2个月门诊转科，10年后定职在妇科。那时候，济南的繁华喧嚣好像跟他没关系，单身的住院医生，女朋友也不在济南，处在难得的"空瓶状态"。除了吃饭睡觉，李长忠大部分时间是在门诊、手术室或者病房。从患者陈述到各种检查，从术前诊断到手术准备，从手术细节到术后观察，从药品使用到心理抚慰……李长忠看到老专家们对日常诊疗规范的践行和对各种急难险症的分析、判断、处理，每一个环节、细节都透着大医精诚的风骨、广博深邃的学养。这一切对李长忠来说，就像饥饿者的饕餮盛宴。他把这一切疯狂装进自己的"空瓶"，并且力争全部消化吸收，观察、思考、提问、总结、提炼、记笔记、写心得。他将每天的个案处理、专家观点，晚上像回放电影一样复习、整理，直到烂熟于心，再回顾课堂、书本所学，正应了那句老话：纸上得来终觉浅！李长忠跟老专家泡临床，知识体系不断更新，许多认知需要矫正，有些观念遭到颠覆，具体病例异常鲜活……省会的星空虽然不比他老家的纯净悠远，但这里提供的专业滋养足以点亮内心宁静的灯塔。这样的起点，预示李长忠的职业道路光明而宽阔。想到不远的将来，自己也能像这些老专家一样，成为技高德厚、受人尊敬的名医，他内心充满力量。三更灯火照亮的是他对未来的信心。

5年规培医生经历，让李长忠业务水平突飞猛进，为他的临床事业奠定了坚实基础。他不到4年就由住院医生变成住院总医生，1997

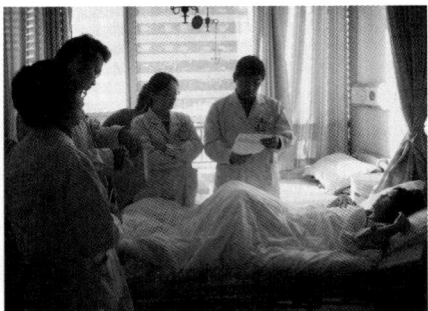

年接任住院总医师，能够独立处理妇产病房的一切问题。回首这段历史，想起省立医院妇科那些老领导、老专家对自己的高标准严要求，李长忠说："当时学得扎实，以后工作顺手。"

访问学者的收获

20世纪90年代中晚期，妇科的开腹手术集中体现了当时的技术高度。名师严教历练下的李长忠对此已经应对自如。到1998年，李长忠完成住院总医师培训后，看似顺风顺水的职业道路，到这个节点却遇到了实实在在的瓶颈期——当时政策不允许考研、考博，而医学又是个飞速发展的学科，不能继续深造何以提高？前进的方向在哪里？李长忠迷茫了。

走得太急未必尽善。迷茫激励思考、探索，沉淀经验、定力。

好在政策在变，绿灯亮起，强劲的动力驱动前进车轮再启程，硕士、博士一路冲刺！李长忠2000—2002年在职申请获得山东大学硕士学位；2002年到上海长征医院学习研修腹腔镜技术；2004年考取山东大学妇产科学博士研究生；2007年作为高级访问学者，赴美国Mayo Clinic（妙佑医疗国际）、Johns Hopkins（约翰霍普金斯）医院、M.D.Anderson（MD安德森）癌症中心等医院交流、学习、研修。在这些地方，他见到极致的医院管理，涉及病人及其随行人员的服务，细致入微，从停车到交通资讯，从住宿到签证，只要是跟患者有关的，全照顾得很周到。在这些地方，他见到当代医疗技术的顶级水准。李长忠听着，看着，思考着，提问着，讨论着，还有每周一天半的动手机会（做实验），并在这里举行的腹腔镜下缝合比赛中一举拿下第一名。

临床实践中的问题在这里消解，妇科发展的方向渐渐明晰，新的问题被发现，新的思想酝酿成熟。在国内成为困惑的高质量 SCI 论文，也水到渠成，一篇再一篇，其新发现被同专业相关论著多次引用，为免外审获得博士学位，也为后续晋级、申请课题打下了良好基础。

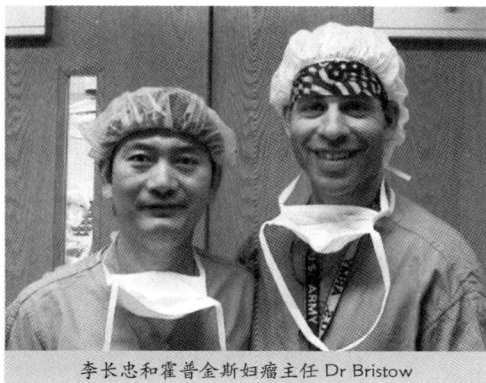

李长忠和霍普金斯妇瘤主任 Dr Bristow

"革命武器"的使用

实证主义哲学对现代医学来说是把双刃剑。其积极的一面是，各学科的新进展都能被其"拿来"使用。建立在"以人为本、以病人为主体"理念上的微创医学，整合既有医疗技术的全部合理成分，充分利用现代科技提供的方式方法，以最小的身心代价获取最大的健康效益，被认为是医疗史上革命性的进步。

对省立医院妇科这个国字号重点来说，船大掉头慢是发展中最应警惕的现象。李长忠敏锐地意识到，传统强科务必站在科技进步浪潮的潮头，才能不辜负国家重点称号，才能不辜负这个伟大时代。李长忠 2002 年赴上海长征医院研修腹腔镜微创手术后，大力发展妇科微创医疗技术，立志砥砺前行，迎头赶上。全科发表了许多相关理论文章，申报了一系列科研课题。由于工作成绩突出，2011 年李长忠被提拔为妇科副主任，其研究方向侧重于妇科微创和宫颈病变，成为这个领域全国专家组成员。2013 年受聘正高职称，接任妇科常务副主任全面主持工作。

省立医院东院区刚建成开诊，李长忠就被派去开拓业务。当时妇产科一张白纸，没啥基础，一切从头来过，好在队伍责质过硬，且团结一致，李长忠用半年时间将科室搞到全院最佳水平，并使省立医院妇产科在卫生部国家重点临床专科测评中位列第七。

二、担当

冷静面对医疗风险

若干年来，各种复杂原因导致医患关系紧张，患者对医护人员信任度低是个不争的事实。在这种大背景下，医者面临复杂病情，是前进一步力求给患者最佳治疗，还是后退一步"合理规避"医疗风险？这个话题考验着每一个临床医生。

一名 48 岁的晚期宫颈癌患者慕名找到了李长忠。李长忠仔细询问病情后得知，这名患者之前在其他医院进行过相关治疗，但效果不佳。由于癌细胞已侵犯到膀胱，患者出现了严重的漏尿情况，每天要用大量的尿不湿，严重影响了生活质量。

由于病情严重，患者辗转多家医院都没有医生敢做手术。看到这名患者痛不欲生，李长忠心里很不是滋味。经过认真分析研究后，李长忠决定为其进行手术。尽管术前有所准备，但当真正看到患者盆腔

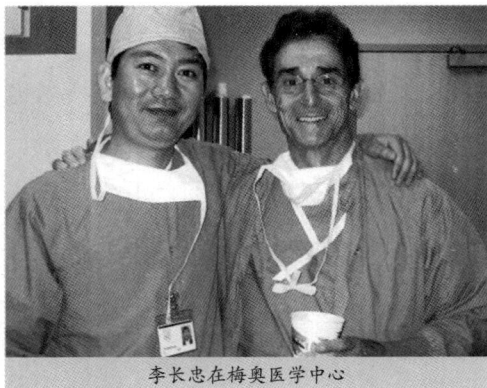
李长忠在梅奥医学中心

内的组织时，李长忠还是吓了一跳。"盆腔内各种组织乱作一团，几乎没有一点正常的，整个就像一堆烂豆腐。"李长忠顶着巨大的压力，冒着患者随时有可能出现生命危险的风险，最终凭借高超的技艺，成功将病灶全部切

除。后来，这名患者基本痊愈，漏尿问题完全得到解决。

对妇产科这个风险位居全部学科前三的学科，要做到没有差错实属不易，而这恰恰是李长忠的同事们夸赞他的地方："虽然李主任救治了那么多患者，但他在工作中却从无差错事故发生。""做手术没有不冒风险的，做医生应该勇于担当，不能畏首畏尾。"李长忠说。疑难危重患者，他几乎每天都会遇到。"我们收治的患者中，30%—40% 都是这种复杂疑难患者，很多都是其他医院治不了，或者不愿意治的。"在李长忠看来，患者能来找自己看病，就是对自己莫大的信任。

"手术台上，患者被麻醉后没有了意识，就等于把生命完全交给了你。患者的信任，正是医生的责任。如果不能真正用心，不能拿出毕生所学救治患者，怎么对得起这份信任呢！"

大力扶持基层医院

2017 年 9 月，李长忠主持山东省医师协会微创分会青年委员会年会，没有选择三甲医院做主场，而是由桓台县妇幼保健院做主场，他想通过此次会议宣传基层卫生医疗单位，让大家认识到，不仅三甲大医院可以做这些手术，一个县级医院也可以做这些手术。他认为，如果每一所县级医院都能开展手术，山东省妇科微创的水平将会得到很大提升。国家不光注重三甲大医院的发展，也强调县级医院在三级诊疗当中的重要位置，进行转诊控制，目的就是对县级医院进行扶植。一些县级医院总觉得自己的医疗技术不行，通过这次会议可以看到，不是县级医院不行，而是县级医院没有努力，只要付出努力，就一定可以做到，使更多的患者留在基层。壮大基层，使三级医院能够做一些更有难度的研究与手术，达到整体的技术提升，才能使山东省妇科微创的诊疗水平迈上一个新的台阶。

向技术要完美

"医生既要祛除病痛，又要关注患者愈后的生存质量，保证她们做完整女人的权利。"在李长忠带领下，省立医院妇科团队坚持"能不切的不切、能少切的少切，绝不留一点坏的，也不多切一点好的，尽可能多地保留器官和功能的完整"的手术理念和标准，凭医生手中精湛的技术，创造了一个又一个传奇。

"仅仅因宫颈癌前期病变，就把整个子宫切掉，有些不太人性！"李长忠作为山东省医学会宫颈学组组长，始终坚持把手术做精：既保证完全切除病灶，又能最大限度减少宫颈损伤，保全病人的生育能力。运用 Leep（利普）刀技术，一次手术多次检验，把宫颈病变组织切除范围精确到毫米，比如使原来要切 2 厘米的手术，变成仅切 1—1.5 厘米，既切干净了，又保证减少不必要的组织损伤，尽量减少对生育的影响。

针对子宫肌瘤和子宫腺肌病患者，省立医院妇科团队采用挖除病灶的方法，虽然手术难度较高，但仍能把病灶切掉，将千疮百孔的子宫修复成一个正常子宫，能为患者保留子宫和卵巢的正常机能。

▌ 三、初心

为什么读书学习？为什么刻苦努力？为什么励志进步？初心无非是为他人谋福祉。李长忠始终没离开"初心"。

五好男人

"好医生、好老师、好主任、好丈夫、好爸爸……李主任完全符合新好男人标准!"来自包头的博士生王芳这样评价。

李长忠没架子、人缘好,在医院有良好的口碑,"刷他的脸"到其他科办事,同事都会给很大的关照,感觉特有面子!

平易近人

李长忠不仅医术高超、手术做得漂亮,而且大气、豁达,好事不一个人独吞,在他的带领下,科室气氛和谐。年轻医生有能力,李长忠就想办法提供平台,放手让他们去做、去展示,使他们要在临床摸索 10 年的路,缩短到 6 年、5 年。生活上关心学生,天气热了,就从家里拿夏凉被给学生们用,为大家提供了各种便利。虽然工作任务繁重、压力大,但年轻人跟着李长忠都很开心。

李长忠的另一个特点是有文学素养,风趣、幽默、善于打比方,能让病人听懂、听明白繁杂的医学术语。有次急诊,病人是卵巢囊肿扭转合并坏死,需要手术切除一侧附件,面对病人、家属怕不育的疑惑,李长忠把一只眼睛捂住,睁着另一只眼解释:失去了一侧卵巢,对生育能力会有影响,但功能还在,就像"还能看见东西"一样,仍能生育!

李长忠对病人好,几乎全院都知道。前不久去美国开学术会,病人打电话、发微信,他无一不认真回复,回来时差没倒,就一头扎进手术室,每天做七八台手术,整整忙了一周,直到把"压"的病号全做完。

完美追求

李长忠清楚地知道医学还不那么完美,任何技术、药物对治愈疾病都有局限性，作为医生就要尽可能地"两弊相权取其轻"。医疗讲个体化，对每个病人的治疗方案，医生都要讨论，与病人共同商量一个个体化方案。

手术刀是把双刃剑，一刀下去，切到哪儿、切多少，都要心中想着病人。子宫肌瘤很大了，怀疑有癌变，不适合用微创，就施行开放手术，把肿瘤完整地取出来。

化疗药物，哪些病人不需要打，哪些病人需要打，是打4个疗程、6个疗程，还是8个疗程，都要根据病人的情况来定。尽最大努力治，又尽可能地减少患者经济、身体、心理上的负担，用最经济的方法治好病、解决问题。

李长忠是个完美主义者。"我们有没有可能做得再好一些？也许这个手术可以改变一下！医学就可以变得更完善！"看到一些病人，生活得很健康，却因没了卵巢、没了子宫，失去了做母亲的能力，李长忠就想，如果她们能有个子宫、生个孩子，人生将会多么完美！

把想法通过技术落实，改变既有程式化的治疗方法，可能会获得意想不到的效果。李长忠一直在努力做。

李耀华

感性的热爱者，理性的领导者

——山东第一医科大学第一附属医院梁英

梁英，主任医师，医学博士，硕士生导师，山东第一医科大学第一附属医院（千佛山医院）全科医学科主任、保健科副主任，美国佛罗里达大学访问学者。熟练掌握内科系统常见病、多发病的诊断和治疗，特别在心血管疾病及老年病的诊治方面积累了丰富的经验，擅长冠心病优化药物治疗、心力衰竭的规范化治疗以及高血压降压药物调整。

主持山东省科技攻关重点研发课题及省保健局课题各 1 项；发表论文 10 余篇，其中以第一作者发表 SCI 文章 3 篇；主编著作 2 部；获山东省医学推广三等奖 1 项。

兼任中国医师协会老年医学科医师分会委员、山东省医师协会全科医师分会副主任委员、山东省医学会骨质疏松与骨矿盐代谢委员会副主任委员、山东省心功能研究会全科医学专委会主任委员、山东省医学会全科医学分会信息学组副组长、山东省中西医结合学会医养结合分会副主任委员等。

在冬季灰白的清晨，我步入山东第一医科大学第一附属医院，叩响保健科科室的大门。在那扇推开的大门内，在离衰老最近的地方，我却在医护的笑脸爱心墙前，在梁英主任的微笑中，只感到宁静。

一

"保健科就要求医护的服务意识要跟上，这就是保健的特点。"

"我是山东第一医科大学第一附属医院保健科的副主任。2019年

8月，医院设置了全科医学科，我就又兼任起了全科医学科主任的岗位。"梁主任带着一点回忆的神色，和缓地同我们讲述。在办公室内，她座椅左侧的书柜里塞满了老年医学的专业书；在她手旁的办公桌上，垒叠着高高的资料文件。

"十年前，千佛山医院就是以保健为重点的医院。保健是千佛山医院的特色。"她讲述着那段亲身参与的历史，"我从1995年开始做保健工作。这么长时间以来，我一直认为保健无小事。作为医生，我们本就对治愈患者的疾病义不容辞；而作为保健科医生，我们还对自己的服务有更严格的要求。"26年的工作经历使她谈及保健时，自然严肃又严格、自律又自豪，字字掷地有声。

"保健科就要求医护的服务意识要跟上，这就是保健的特点。例如，我要求我们病区的大夫，早晚两查房。"梁主任进一步解释道，"有时候大夫一天门诊结束时就已经很晚了，但是我仍然要求今天坐诊的医生必须去看看他收治的病人。患者晚上看到负责他的医生，心里就会感到踏实。""服务意识"这样抽象的概念在此处落实为规则。

"另外，晚上查房还有探讨治疗方案的意义。患者入院后会有病房大夫接诊他，给他下医嘱，但病房的大夫不一定和看诊医生的观点一致，所以两方面的医生一起晚查房时会交流治疗方案，能保证病人病情及时得到控制，而且这样的交流也会给夜间管理以有效的提醒。"层层剖析，梁主任仍以温柔的语调讲述，言语之中也透露出作为科室主任对工作的严谨。

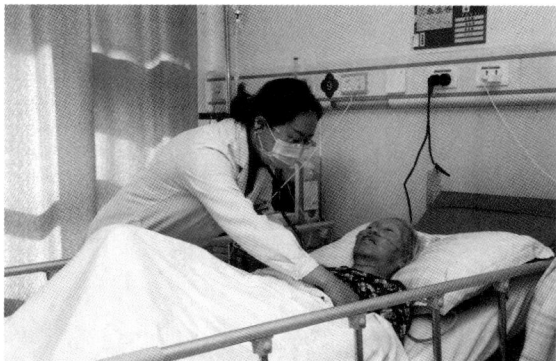

窥一斑而知全豹，梁主任无须赘述这个规定来自怎样具体的经验，我们却通过这掀起的幕布一角看见了她多年工作锤炼出的令我们赞叹的专业性。

二

"优秀的保健科医生不仅要在业务上收获患者的认可，更要在感情上承担起患者的依赖。"

走入病房，梁主任似乎更温柔了些。她稍曲起手掌，轻柔地贴触老人的额头；俯着身体，在一个亲近的距离内，询问老人的状况。

回到走廊，她告诉我们，2床的老人已年逾90。"她一见到我就撒娇，总要说些细微之处的不适，我跟查房的大夫就笑。她已经有点老小孩的样子了。"梁主任缓步走过地上醒目的"六分钟步行测试"的蓝色标识，"你要安慰她，跟她解释这样的不适是怎么回事，告诉她不要紧。"衰老为想象提供了画布，而洁白床榻之中的病躯又承载着惊惶。

笑容代表的是温暖宽慰，话语解开的是不安枷锁，那画布上勾画的就会是信心、安心、放心，是对清晨的期待，是深夜的好眠。

"优秀的保健科医生不仅要在业务上收获患者的认可，更要在感情上承担起患者的依赖。"

"我们的1008床，是个冠心病、房颤的患者，老太太3月份满一百岁了。"说到这位百岁老人，梁主任也有些骄傲，"跟老太太说话，她有时候还能理解，有时候其实就已是糊涂状态了。但是我们仍会对她尽心竭力。"走到神志已不太清明的老人床边，梁主任温和亲密地同她说话，为她听诊。"原来有一阵子她同时患有心梗、房颤、心衰，心脑血管病之后因球麻痹而出现吸入性肺炎，就置入了胃管。她的家人都紧张得不行。"阴影之中的患者与家人都承受着多层面的苦痛。"我们除了为她提供治疗、陪伴、安抚之外，还有营养科医生专门为她计算营养，规划食物配比。"

此时，在梁主任身后，济南的晨光透过玻璃，散发着熨帖的温度。

三

"我常和病人说：'咱们的心脏是发动机。'所以我选择了这个专业。"

"我父母从事教育行业，但我妈妈曾对学医抱有极大的热情。由于她没能走上这条路，所以很希望我能学医。"梁主任露出了羞涩的

笑容。这个十七八岁少女一般的神情，跨过时光重现。于是，我们也像是在时空的缝隙之中，匆忙瞥见一个少女打包对未来的迷惘，瞥见她怀着对实现母亲愿望的初衷，坚定向着未来迈出的一步。

"在还是一名医学生的时候，我意识到心血管系统在人体中扮演着至关重要的作用，心脏一旦出现问题就不可逆，就像我常和病人说的，'咱们的心脏是发动机'，所以我选择了这个专业。"随着讲述，那个"少女"在学习、思考与抉择中褪去了青涩，将"母亲的期待"变为了"自己的热爱"。"直到现在，在面对许多症状相对平缓的病人时，我仍然会优先考虑病征背后心脏的因素。毕竟，消化道出现最严重的问题——穿孔，立刻进行手术，挽救的可能也还是很大的，可心脏要是停搏了，那就麻烦了。"

"我的硕士和博士研究生阶段都是在高院长门下。"谈到研究方向，梁主任的话语中充满了感慨，"最初我硕士阶段的研究方向就是心血管，恩师在心血管方面的研究倾向保健，加之后来我又因机缘成为保健科的一分子，所以专业方向也就逐渐侧重于保健心内。保健科的心血管患者以老年人为主，因此我博士阶段的专业方向也就演化为老年心血管专业，研究方向从血管重构转变为血管衰老，申请的课题也是血管衰老方面的。我们发了三篇 SCI 文章，最近新发表的一篇是有关高血压病研究 SCI 3.0 分以上的论文。"她的话里，有一点点轻松、小小的得意和对恩师满满的感激。

专家、学者、管理者……梁主任在科研的路途中承担着更多面的身份与责任，"导师"也是其中最重要、最沉甸甸的头衔之一。这个身份是传承，是学习，是开拓，这份责任衔接起了过往、现在与未来。"保健是一个特殊的专业，要求医生拥有广泛的知识面，对各方面的疾病都要有常规的认识。"这是作为导师的梁主任对学生提出的硬性要求，"作为保健心内的大夫，病人因心血管疾病前来就诊，但医生需要对患者的心理疾病、基础疾病等有一个考量。"

"我要求学生能意识到老年疾病的防治对未来的帮助。"这是梁主任提出的软性要求。"老龄化社会"在无数官方报告中成为日常词汇、热门词汇，而"老年疾病的防治"在现实中仍是新鲜的概念，"老年疾病防治对未来的帮助"正是在这样的时代背景之下，作为专家的梁主任勾勒出的她所热爱的这个行业未来的蓝图和对未来社会的期待。

四

"我曾看见过一个我个人比较赞成的对健康标准的表述：人的健康包括身体健康、心理健康、社会适应能力和持续学习的能力。"

"有些高龄老人，总自负于能做一些高强度的锻炼，喜欢说'我比年轻人都厉害'。但其实我们更建议老人安全运动。先不谈心脏负担，高强度活动的过程中难免有个磕磕碰碰。"面对如今部分老人对"身体健康"的理解偏误，梁主任指出，"毕竟老人在反应能力、肌肉灵活度等方面，都逊于年轻人，所以老人更应保证骨骼、组织肌肉等都处于符合自然规律的相对健康的状态。什么年龄段做什么样的事情，老人应该进行合适的、安全的活动。"在日常中，"不服老"的标签过于常见，但在保健养老的指导中，承认肌体的老去、与衰弱的身体和解才是"身体健康"的基础。

"有些儿女考虑到父母年迈，会对父母说，'你什么都不用管了，你在家闲着就行了'；'你视力不好，就不要看手机了'。但这其实会导致老人产生自己对社会没有价值的挫败感。"这些话语也许是出于担忧或善意，但仍将老人置于一个被时代孤立的境地。"我认为应该老有所用，不应让老人同社会隔离。比如可以让他上老年大学、参加志愿者活动、学习网络应用等，这些手段都可以让老人获取新鲜资讯，学习知识技能，与朋友保持人际交往。人如果没有学习能力就会处于一个与社会脱节的状态。保证老人适度参与社会活动，激发他的学习能力，才是健康的。"在网络上看见无法通过网络挂号的高龄患者徘徊于医院的新闻时，我们唏嘘，然后责备医院缺乏人文关怀的设计，也许就忽视了事件背后隐含的，让老人能与时俱进的必要性。保持学习，才能保持心身健康，推迟老年痴呆的发生。

"我曾看见过一个我个人比较赞成的对健康标准的表述：人的健康包括身体健康、心理健康、社会适应能力和持续学习的能力。"

我突然想起来时路过的门诊部，大厅里熙熙攘攘，各门诊科室外那么多排队等待的老人，以这样四个标准来衡量，有多少老人是真的健康呢？

"现在三甲医院各个科室的诊疗收治压力都很大，医生很难再去关注患者的心理、情绪等。国家在医改过程中也考虑到了相关的问题，因此提出了分级诊疗。让群众大病上大医院，基层医疗卫生体系中的全科医生要能够胜任常见病、多发病的治疗任务，有承担处理诊疗工作的能力。这些全科医生的培训任务就由三甲医院的全科医学科承担。"梁英主任对全科医学科的发展十分重视，"全科医学科是一个新兴的、国家倡导的专业，国内接触的人目前仍比较少。我现在的工作重心也更多地放在这里。"结合医改形势，梁主任对保健行业未来的发展满怀期待："推进分级诊疗，医院就能空出更多病房作为保健病房服务于老人，来应对老龄化。国家也应加大力度推动保健医疗队伍、保健病房的建设。"立足现实，冷静分析前景；躬行实践，推动行业发展。

在岁月脉脉的流逝之中，对于衰老的发问像水面之下的倒影，从来都与时光并行。古时在炉鼎丹药间沉浮的道人在岁月中刻下过标记，如今在药房病床间穿梭的医学研究者在科技与认知的发展加持下写下更多注解。

于是，当我站在这里，站在老者的床榻旁，我所见的是一双温暖的手，抚过老人散乱的银丝，拨开朽迈惨淡的暮霭，轻柔地贴着患者的额头。我在窗外渐明的朝阳映衬之下，看见的是一位尽心尽责的全科医学科大夫，是一个感性地热爱着保健的专家，是一个理性地规范部门、规划行业未来的领导者。

代安娜

坚守从医初心，甘当医学夜空提灯人

——山东第一医科大学第三附属医院党委副书记、院长盛立军

专家介绍

盛立军，主任医师、研究员，硕士生导师，中共党员。现任山东第一医科大学第三附属医院（山东省医学科学院附属医院）党委副书记、院长。

从事肿瘤临床工作三十余年，在肺癌、乳腺癌、结直肠癌、胃癌、食管癌、肝癌及妇科肿瘤等实体肿瘤的化疗、内分泌治疗、生物免疫治疗、靶向治疗，以及中医治疗、康复方面，积累了丰富的临床经验，尤其在老年肿瘤治疗及舒缓医疗方面进行了深入的探索和研究。

获山东省科技进步奖 4 项，山东省医科院科技进步三等奖 1 项，山东中医药科学技术一等奖 1 项，国家发明专利 1 项，山东省老年医

最深情的告白：长大后我就成了你

盛立军自 1989 年于山东医科大学毕业，至今已从医三十余载。最初学医的初心，是源于小时候的耳濡目染。盛立军在内蒙古长大，她的父亲也是一名医生，那时候当地医疗资源匮乏，医务工作人员急缺，在盛立军的记忆里，父亲经常半夜出急诊。家里有很多张他身背急救箱、策马草原的照片。遇上家里贫穷的患者，父亲还会带到家里来吃饭。小时候的盛立军放学回到家便给父亲打下手，帮父亲煮玻璃针管消毒、给街坊邻居送父亲开好的药。回想起那些受到父亲帮助过的病人治愈后开心激动的模样，盛立军内心也是激动不已。受父亲的影响，盛立军对医生这份职业充满崇高敬意，从小时候起，她暗下决心，长大后要像父亲一样治病救人，后来报考大学时毫不犹豫地选择了医科大学。

三十余载从医路：坚守初心的少女、学术权威的大咖

三十多年前，由于医疗技术水平有限和肿瘤疾病发现晚、治疗难，肿瘤等于生命的尽头。那时当一个人被检查出患有肿瘤时，几乎等于他的人生被宣判了死刑。

盛立军从山东医科大学毕业后，被分配到山东省肿瘤医院，内心

有些不如意的她回到父亲身边诉"苦"。

父亲没有安慰她，也没有责备她。父亲摸着她的头说："癌症是绝症，人们对它充满绝望和恐惧，希望你们这一代人能够攻克癌症。"

扫去心中的阴霾，盛立军骑着自行车到医院报到，本以为这里充满了恐惧和绝望，是个昏天黑地的地方，但当她踏入医院后，映入眼帘的却是满园的绿树红花，在院里散步的病人脸上也充满平静和安详。盛立军抬头望着湛蓝的天空，明媚的阳光洒在脸庞，她闭上眼睛去感受身边的事物，回想起父亲说的话，就在这一刻，盛立军发现自己突然喜欢上了这里，同样，也喜欢上了肿瘤专业。

三十余年的历练，让曾经的那位青春少女，成长为医院的管理人员；对学术专业的精益求精，让盛立军成为如今的学术大咖。用她的话来说："我的工作，仿佛是在和肿瘤专业谈恋爱，肿瘤学日新月异，我也得跟上他的脚步，不然被落下了，人家就得跟我说分手。"盛立军和肿瘤学的这场"恋爱"一谈就是三十多年，是爱，是责任，也是担当。

盛立军关注老年肿瘤的研究与治疗，她目前是中国老年学学会肿瘤专业委员会常务委员，也是山东省老年医学研究会老年肿瘤专业委员会主任委员。她在临床工作中注意到老年肿瘤治疗这个盲区，国际上在 65 岁以上老年肿瘤病人的规范化治疗方面缺少临床经验和研究。随着人口老龄化社会的到来，老年人的治疗需求不断提高，而老年人患肿瘤疾病的概率比年轻人要高很多，器官功能也比年轻人差很多，老年肿瘤病人亟待关爱和特殊治疗。为此盛立军主持成立山东省老年医学学会老年肿瘤专业委员会，担任主任委员，协同省内专家，致力于老年肿瘤研究，为老年肿瘤治疗开辟新的方法，取得了重大成绩；主编《现代老年肿瘤学》，填补了老年肿瘤学研究的空白，为广大老年肿瘤病人带来了福音。现在她每年主持举行 1—2 次全省学术会议，与同行共同探讨老年肿瘤的治疗方案和提高老年肿瘤的诊治水平。

医生和患者：相互给予、相互告慰

三十多年前，由于医疗技术水平有限，医护工作者面对晚期肿瘤患者多是无助和无奈，而随着时代的发展、科学技术的进步，医疗技术也发生了天翻地覆的变化，过去的无助和无奈转变成如今多种科学治疗方式，肿瘤患者的存活率得到了非常大的提高。盛立军回想初参加工作时，由于肿瘤晚发现晚，治疗药物贵且少，那时候看病多是自费，平常家庭根本支撑不住，许多肿瘤患者得不到救治。如今医疗技术水平提高，对肿瘤也能做到早诊早治，并且国家实行全民医保，只要想治就能来到医院得到最好的治疗。而且近几年抗癌药物快速进入审批、进入医保，给国内患者带来很大的便利，这正是国家对癌症患者的关爱，也是和谐社会的体现。

谈起让盛立军印象深刻的一些病例时，她说："非常多，肿瘤内科不像外科，可以让患者在手术后如释重负，它的短期治疗效果没那么明显，患者还会因为化疗或者疾病本身而痛苦。因此，我们要给予患者更多的人文关怀，减轻他们的心理负担，这也是一种治疗。患者信任我们，愿意和我们多沟通，也同样给予我们力量，让我们从中领会很多人性的感悟，这对我们医务工作者来说也是一种成长。"

盛立军还清晰记得七年前和肺癌晚期患者老裴的对话：

"你怕死吗？"

"我不怕死，但是我不想死。"

"如果用一种药，让你有机会活下来呢？"

"受多大罪我都愿意。"

老裴是一位肺癌晚期患者，盛立军回忆说："老裴来的那

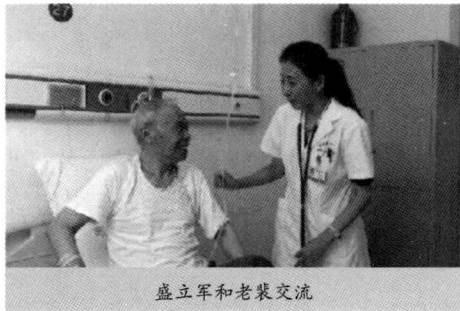
盛立军和老裴交流

天是 2013 年 8 月 5 日，家属都准备好后事了，只是不忍心让他在家里离开人世。"当时，老裴被诊断为肺癌已经有一年时间。他的病情不断恶化，胸闷憋气加重，已经喘不上气来，接连跑了几家医院，医生们遗憾地表示没有什么好办法了，最后辗转住进山东省医学科学院附属医院时，这座城市的灯火已经漫上夜空。

接到医院急诊科电话时，结束了一天工作的盛立军刚刚赶回家。"他的双肺满满地全是肿瘤，已经没有呼吸功能，病人只能保持坐位。"看着已然是临终状态的老裴，即便无力回天，盛立军也决定要迎难而上，收治老裴。一般的治疗是靶向药物必须经过病理确诊和基因检测匹配后，才能用于治疗肺癌。老裴由于几十年的慢性肺病，一直无法进行肺穿刺及气管镜检查，而其当时的身体状况又存在治疗上的较大风险，盛立军根据临床经验判断，靶向药物是老裴唯一的生机。生死之际，盛立军来不及给自己留足够的后路。虽然做了详细的解释，老裴家属还是有些迟疑。盛立军心里着急，再三思量之下，直接找到了老裴。于是，就有了前面的那段对话；于是，就有了老裴的重生。

靶向药物对于老裴的效果，远远超出盛立军的想象。药物应用当天，老裴已经感觉舒服很多；第二天，老裴已经可以轻松说话；第三天，要送痰液去检查，可入院时整盆整盆吐痰的老裴却吐不出来了。

只经过十天的治疗，老裴便走下病床，出院回家。每年除夕之夜、护士节、医师节，省医科院附属医院肿瘤内科的病房都会接到老裴的问候电话。

当谈起肿瘤患者年轻化时，盛立军回想当初参加工作第一年时遇到的卵巢癌患者许燕（化名）。那时许燕才 11 岁，"大大的眼睛，浅浅的笑容，留着娃娃头，我不敢相信，那么可人的孩子竟然得了肿瘤。"盛立军回忆道。本该天真烂漫的年纪，却要和肿瘤做斗争。也因此，盛立军反复研究病情，寻求最佳治疗方案，观察治疗反应，希望通过自己的医学技能，为她争取更多治愈的机会。许燕对盛立军不仅仅是病人对医生的信赖，更是亲人般的依赖。盛立军每天陪她聊天，缓解她的思想压力，也经常带许燕去自己的宿舍给她做好吃的，搂着她入睡。每每盛立军有手术，许燕总是等着她下手术。有一次，因为做治疗后免疫机能下降，许燕腰部出现了大片的带状疱疹，异常疼痛，盛立军不假思索立即带着许燕去了山东省立医院，自掏腰包带她挂号找皮肤科专家治疗。许燕病好后，两人因种种原因失去了联系。多年来，盛立军只要碰到来自许燕家乡的病人，就会向其打听许燕。功夫不负有心人，终于在2016年12月31日，两人分别27年后，再次取得联系。久别重逢，两人相拥而泣，盛立军看到许燕现在的幸福生活，深感欣慰。

还有一位莱芜的王先生，肺癌晚期，慕名前来找盛立军就诊，她给他用了当时的新技术靶向治疗，1个月需要1.5万元费用，按照文件政策要求，必须自费用药6个月以后才可以获得国家慈善赠药。在治疗到第4个月的时候，王先生因

久别重逢，盛立军和许燕（化名）相拥而泣

为经济原因与家人产生分歧，家属想卖掉他们仅有的一套房子来继续治病，而王先生坚决拒绝，不希望家人为了给自己治病而居无定所，坚决要求放弃继续治疗。面对这种情况，盛立军急病人之所急，毫不犹豫地帮他交上3万元医药费，使他获得了国家赠药，生命又延续了4年多。盛立军说："用钱换命，这样合适的事只要遇到我还会做。"从那以后，每年冬天，王先生的媳妇都会送来一罐自己亲手做的韭花酱。而像王先生这样被盛立军资助过的患者，已经不在少数。

盛立军谈到一位内心非常坚强的老年患者，他的病情已经无法得

到控制，盛立军的团队竭尽全力维持着他的生命，想让他在这个世界上多留一些时间，多看几眼自己的亲人，让他有尊严地离去。病人心里知道自己可能很快离开这个美好的世界，但他依然坚定自己抗病的信心，积极配合医生治疗。在治疗过程中，药物的毒副作用是常人不能忍受的，但他表现出来的坚韧让人敬服。有次查房的时候，盛立军和他聊了许久，心与心的沟通，使他最后潜然泪下，他对生死看淡的那种坦然，令人心生敬佩，即使到了临终状态，他依然保持着一颗炙热的心，愿留美好在人间。有一天，他在病房里像是在道别一样，对老伴、子女，还有这些日子一直陪伴着他的医护人员，说了很多。盛立军回忆起那天他说话的模样，他的那份淡然，那份从容，那种向死而生的心境，只有经历过的人才会懂，这是人生感悟的一种升华。

在病患眼中，盛立军德艺双馨，耐心细致，她给病人带去关怀，为病人减轻痛楚，深受病患的爱戴。她收到的感谢锦旗挂满了病房的一面墙。而每每病人为了表示感谢送来的红包、礼品，她总是悉数退还。她时常说："病人选择我为他们看病，就是对我最大的信任，病人的满意就是对我最大的激励！"

她的医德仁心、古道热肠感动了一批批的患者，奏响了一曲曲生命赞歌。

人文关怀是治疗肿瘤患者不可或缺的力量

疾病面前人人平等。2004年，在一次查体中，盛立军的父亲被确诊为肺癌。那一刻，身兼女儿与医生角色的盛立军更加深刻地体会到病人和家属的心情，父亲角色转换成了病人，有时看着白发苍苍的父亲，盛立军心中阵阵刺痛。盛立军用毕生所学和无微不至的照顾陪伴父亲走过了他最后十年的生命时光。家风如细雨，润物细无声。像父母当年呵护年幼的儿女一样，儿女们反哺着对父亲的爱。当和朋友谈起这

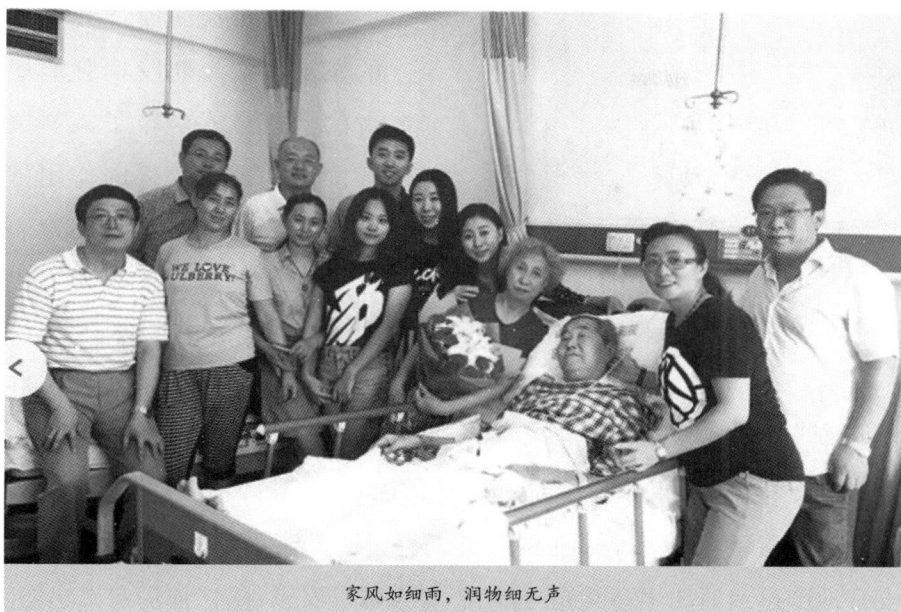

家风如细雨，润物细无声

段回忆时，盛立军说："没有遗憾，没有后悔，没有内疚，只有不舍，只有思念。"

正是这段人生艰难的经历，让盛立军明白，很多肿瘤患者当确诊自己患病后，心态转变非常大，这个时候非常需要有人能开导他，打开他的心扉，这就离不开人文上的关怀治疗。

对患者不同阶段的不同心理，需要用不同的沟通方式。在盛立军看来，对肿瘤患者的诊治，尤其是首诊，一要看病，二要看心，三要化解郁结。盛立军强调，要给患者更多的人文关怀，减轻疾病带来的心理负担，这在治疗过程中是不可或缺的。

缓和的语言，轻松的表情，坚定的眼神，凭着精湛的医术和良好的沟通方式，盛立军总能快速取得患者的信任。曾经有一名患者，第一次找到盛立军，在充分沟通之后离开了诊室。可当盛立军结束一上午的门诊走出诊室时，一直坐在走廊排椅上的他又站了起来："我还想跟您聊聊。"盛立军牺牲了自己的午饭时间，换来了患者通透的心情。

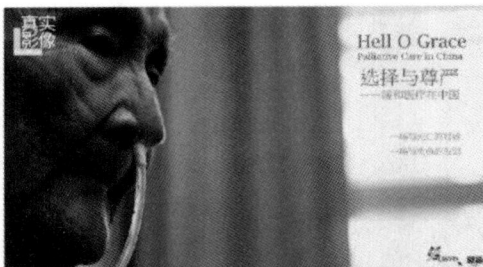

《选择与尊严》是我国首部推广生前预嘱的纪录片

盛立军说，通过几十年的发展，如今对晚期肿瘤患者的治疗方式注重了人文关怀，正是人文关怀的作用把肿瘤转变为慢性病来治疗。这是社会的转变，也是人们对肿瘤认知的转变。

近年来，她一直探索舒缓医疗在晚期肿瘤患者治疗中的作用，并与北京生前预嘱推广协会合作，拍摄了我国首部推广生前预嘱的纪录片《选择与尊严》，推广生前预嘱和安宁疗护，让"离去"更有尊严。生死两相安的告别，是真正的善终，可以让无法治疗的晚期疾病患者安详地度过最后的生命时光，也给患者家属以安慰，陪伴他们走出悲伤。

"做一名医生，不单单是救死扶伤，更多时候，我们在治愈别人的同时，也在参与着他们的人生，治愈着自己的心理。"盛立军觉得这些年，她收获最多的便是和那么多患者及家属成了朋友，从他们身上学会了坚强和坦然，以及与疾病抗争的斗志。

爱岗敬业无私奉献，坚持科研积极进取

目前盛立军一家有七人工作在医疗的一线，可谓是医学世家。"得一官不荣，失一官不辱，勿道一官无用，地方全靠一官。吃百姓之饭，穿百姓之衣，莫道百姓可欺，自己也是百姓。官民相连，血脉相连，官勿忘本。"这是盛立军当选为医院的副院长时，父亲送她的一段话，如今成为她工作中铭心刻骨的自我告诫。她始终牢记父亲的教诲，把救死扶伤的天职记在心中，并付诸行动。从父亲那里，盛立军学到了作为一位医者的担当，正是这份传承让她默默坚守岗位三十余载。盛立军之前作为科室主任，坚持每个工作日出诊、查房等，工作已经很

繁忙，自 2014 年 11 月担任业务副院长以来，工作量更是较之前翻了几番，但她依然能坚持每天早晨 7 点 30 分到达病房，带领全科医生查房，认真询问每位病人的病情；下午总是在查看病人情况之后，最后一个离开病房；有时还会晚上到病人家里看望，给予专业指导、解惑答疑。一年 365 天，她的手机每天都是 24 小时开机，随时准备接受患者的咨询。面对病人，她都一视同仁，态度永远都是和蔼可亲，耐心细致。

盛立军的丈夫在山东省立医院工作，是一位心脏外科医生，2019 年 11 月获得了"敬佑生命荣耀医者"2019 公益活动（山东）金柳叶刀奖。谈到自己爱人时，盛立军多是称赞，打心底里对爱人表示佩服，夫妻之间的相互理解和相互支持使得他们家庭和睦、工作顺利。因为两人工作单位比较近，如今每天上下班，盛立军都开车接送爱人，这种知己般的爱恋，令人艳羡。

盛立军与丈夫伉俪情深，互存感恩；爱岗敬业，比翼双飞；率先垂范，与女儿共成长；传承好家训，培育好家风。在 2017 年度"文明和谐家庭"评选中，盛立军家庭获得 2017 年度山东省省直机关"文明和谐家庭"荣誉称号，在 2019 年荣获"山东省五好家庭""2019 年度全国最美家庭"称号，并参加由全国妇联、中央和国家机关工委主办的 2019 年"梦想启航——好家庭好家风全国巡讲活动"。在 2018 年 8 月 16 日山东省首个"中国医师节"庆祝大会上，盛立军荣获"山东省优秀医师"荣誉称号。2019 年，盛立军入选"山东省卫健委典型事迹报告团"，并参加全省巡讲。

面对众多荣誉加身，盛立军不忘从医初心，在做好临床工作的同时，依然坚持

带母亲参加女儿英国剑桥大学毕业典礼

2019年5月24日，山东第一医科大学第三附属医院副院长盛立军作为最美家庭代表参加由全国妇联、中央和国家机关工委主办的2019年"梦想起航——好家庭好家风巡讲活动"首场巡讲

科研工作，并负责山东第一医科大学研究生的培养工作。"有时去治愈，常常去帮助，总是去安慰"，这是长眠在纽约东北部的萨拉纳克湖畔的特鲁多医生的墓志铭。治愈谈何容易，如今医学发展迅猛，医学知识也是日新月异，从医者不敢有怠惰之心。过去是以器官来诊病，胃病、肝病、肺病、心脏病等，而如今是从基因和分子水平来诊疗疾病。现在医疗技术让疾病更明了，医生能够精准施治，但又出现了新的问题，医学永无止境。盛立军谈到对目前医学探索的见解：医学仿佛浩瀚无垠的宇宙，已知的背后又有无数的未知，永无止境。随着人类社会的前行、医学的进步，新的疾病也会随之出现。

盛立军告诫身边的年轻医师，作为临床医师，必须懂科研也必须搞科研，医学未知的东西远远大于已知，已知是有限的，所以要坚持日复一日地探索。临床医生需要有探索的精神，这样才能不断地前行，自身的业务能力才能不断地提高。

坚持健康科普宣传，为全民健康贡献自己的力量

随着社会老龄化，老年肿瘤发病率不断攀升，人活到 85 岁，患癌症的机率为 36%。目前肿瘤患者已经趋向年轻化，所以肿瘤的预防宣传工作也是重中之重，这也成了盛立军的一项重要工作。

如今的盛立军还是一名科学宣传普及者和健康知识的传播者，也许很多人都曾在电视上看到过她美丽知性的身影，或在电台广播中听到她温婉动听的声音。

从事多年肿瘤临床工作的她深深地意识到肿瘤已经成为一种慢性病，医生除了要治疗已经得了的疾病以外，还要治未病，把疾病预防工作当成更重要的使命来践行。她积极申请成为山东省医学会科学普及分会副主任委员，

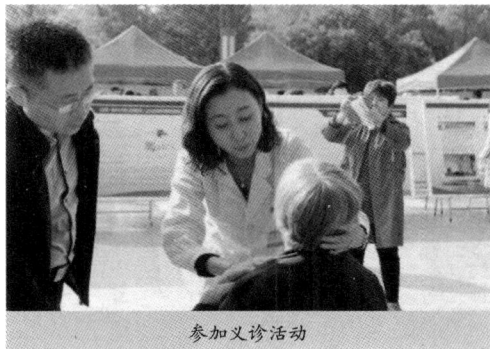
参加义诊活动

经常牺牲休息时间，奔波于省内电台、电视台，甚至到全国各地进行科普宣传，每年义务参加科普讲座五六十场，让更多人养成良好的生活习惯，形成健康的生活方式，提倡早诊早治，把功夫下在疾病预防上。

当谈到有没有业余爱好时，盛立军笑着说："有爱好，无业余时间。工作之余就是喜欢给大家多做点科普宣传，将健康理念植入每一个人心中，让更多的人养成良好的生活习惯，将疾病预防前移。"

如今盛立军带领的科室是山东省医学科学院老年肿瘤学重点学科，她穿上白大褂这三十多年来，不忘初心，牢记使命，连续 8 年获得省医科院个人嘉奖，两次立三等功。

她说，每天下班回到家，并不是工作结束后的如释重负，而是心

做客山东广播电视台《绿色之声》传播健康科普知识

做客山东电视台《身体健康》栏目传播科普知识

里满溢出来的欣慰，因为每天都有很多收获。

盛立军三十余年如一日，兢兢业业坚守岗位，用强壮的医疗之手治愈众多癌症患者，用温暖、关爱之手抚慰他们受伤的心灵。她像一颗小太阳，用真心与陪伴，让那些曾经面临死亡与绝望的癌症患者，重新燃起人生的希望。

"爱在左，情在右，在道路的两傍，我们随时撒种随时开花，使一路上穿枝拂叶的人，即使走过荆棘，有泪可落，却不是悲凉。"这是冰心老人沁人心脾的诗句，也是盛立军行医的毕生追求，始终敬佑生命、救死扶伤、甘于奉献、大爱无疆！

侯仰东

柳叶刀艺术家

——山东第一医科大学第三附属医院党委书记徐忠法

专家介绍

徐忠法，男，山东胶州人，研究员，硕士生导师，中共党员。现任山东第一医科大学第三附属医院（山东省医学科学院附属医院）党委书记兼普外科主任、胃肠肿瘤学重点实验室主任。

擅长各种肿瘤的诊治，尤其对胃肠肿瘤的诊治有独到之处，在国内率先开展了肛门重建术、TME（直肠全系膜切除术）等先进技术或术式，首次提出利用球海绵体肌原位肛门重建术，完成胃肠手术1万余例；制定了肛门重建和保肛术后"徐忠法五项十分制肛门功能评价标准"，被国内广泛应用。曾获"全国医药卫生系统创先争优活动先进个人""山东省十佳医师""富民兴鲁劳动奖章"等荣誉称号和奖励。2018年，

被山东省委授予"担当作为好干部"荣誉称号，并被省委记一等功。

近年来，完成国家及省部级科研课题 15 项，获省级科技成果奖 6 项；获国家发明专利 3 项；目前承担国家"863"计划课题、山东省科技攻关项目、山东省自然科学基金项目等 6 项；主编或参编《现代肛肠肿瘤外科学》《肿瘤学通鉴》等专著 10 余部；发表学术论文 100 余篇，其中 SCI 论文 30 余篇，总影响因子近 100 分。

兼任中国抗癌协会大肠癌专业委员会副主任委员，中国研究型医院协会肿瘤外科专业委员会副主任委员，山东省抗癌协会常务理事、胃肠肿瘤外科分会主任委员，山东省医学会理事、肛肠委员会副主任委员，山东省医师协会肿瘤分会、结直肠分会、胃肠分会副主任委员，《中华胃肠外科杂志》《腹腔镜外科杂志》《国际肿瘤学杂志》《临床实用外科杂志》编委等。

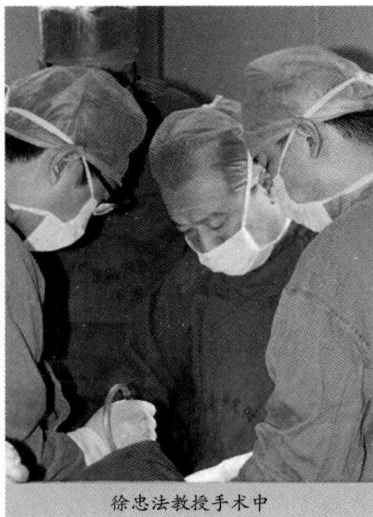

徐忠法教授手术中

古罗马时期著名的医学家盖伦说过："医学既是一门博深的科学，又是一门伟大的艺术。"医生，给人的印象是严谨而细致的，恰恰艺术的最高境界也需要这种态度。失之毫厘，谬以千里，这在医学界与艺术界也是同样的真理。对外科医生来讲，做手术，不仅仅是一门技术，更是一门艺术，需要足够的耐心、精确和细致，这就像艺术家的创作过程一样，需要无限度地接近完美。

在山东省医学科学院附属医院，我们有幸见到这样一位极具艺术家气质的手持柳叶刀的医生。他从医三十余年，凭借扎实的功底和丰富的经验施行手术万余台，他如艺术家一般地精益求精，为无数的患者解除了病痛，在患者及同行业中树立了良好的口碑。在他的眼里，手术是"更高层次的艺术"，这是一名医者的人文情怀，更是对生命的敬畏。同时，他还是一名优秀的医院管理者、学科带头人。让我们一起走近徐忠法的医术人生。

孜孜不倦以求索

1978 年，16 岁的徐忠法参加高考，以优异的成绩考入山东医学院，从此开始了他的学医生涯。1983 年，他服从国家分配，到山东省肿瘤医院工作。工作中的徐忠法总是超乎常人地勤奋，他

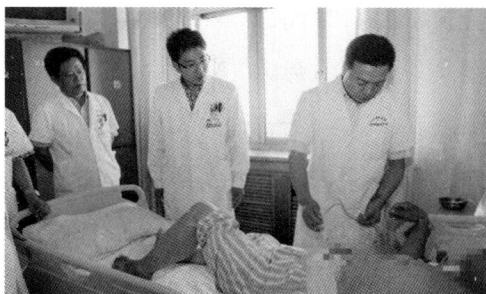

徐忠法教授查房中

的生活中没有节假日，时刻处于争分夺秒学习的状态。性格坚毅、思维清晰的他专攻胃肠肿瘤知识和技术。1995 年，他被任命为山东省肿瘤医院普外科主任，1997 年因荣获"山东省科技进步奖"、主持国家级重要课题，破格晋升副教授。"欲穷千里目，更上一层楼"，1998 年，他取得赴美国匹兹堡大学医学院学习和工作的机会。赴美的 3 年，是他人生的新篇章，面对先进的医学技术和知识，他珍惜这样的好机会，废寝忘食、如饥似渴地地学习。功夫不负有心人，学习使他拥有开阔的学术视野和高超的专业技术水平。更难得的是，在当时移民热的大环境下，在国外知名医院的一片挽留声中，他毅然放弃国外优厚的待遇，选择回国，用他所学报效祖国。

为患解忧新突破

"病人是医生的根本。"徐忠法是这样说的,更是这样做的。低位直肠癌患者做完切除手术后,必须天天带着造口袋,这给病人带来巨大的心理压力,使许多人拒绝造口手术,甚至放弃治疗。他看在眼里,急在心里,肛门重建成为他的心愿。经过反复试验,他终于成功了,在国内首次提出球海绵体肌原位肛门重建术,率先开展了肛门重建术、TME 等先进技术或术式,使近 1 万名患者获益。此后,他制定了肛门重建和保肛术后"徐忠法五项十分制肛门功能评价标准",这项标准在国内广泛应用。他还发明了新型磁力吻合器,开启了结直肠无钉吻合技术的新时代,写就了国内胃肠外科发展史上的重要一页。美国《腔镜及外科技术杂志》将这一成果作为 2015 年 2 月刊的封面进行专门介绍。

近几年,徐忠法教授领导的团队始终站在肿瘤诊治研究前沿,先后开展了各种胃肠肿瘤腔镜技术、各种肿瘤微创治疗技术及消化道肿瘤基因筛查技术等近百项新技术,成功开展 CAR-T(嵌合抗原受体 T 细胞免疫疗法)治疗实体肿瘤等研究。

山东省医学科学院附属医院消化道肿瘤 MDT(多学科协作模式)团队合影

仁心仁术献丹心

救死扶伤是医生的天职，廉洁自律是做人的根本，全心全意为患者服务更是大医永恒的追求。他经常说："我们医务人员，面对患者，要经常进行换位思考，要以关怀式语言接触病人，人性化服务渗透医疗，对待患者，我们要一视同仁，全心全意为他们服务。"怀着对生命的敬畏之心，始终坚持"以人为本"理念的徐忠法，总是不厌其烦地倾听患者的心声，真诚关爱病人，仔细研究治疗方案，降低治疗成本，争取最好的治疗效果。

2012 年 6 月，病房住进了一位 76 岁高龄的男性特殊患者，他是直肠癌合并强直性脊柱炎，出现严重的驼背畸形，躯干呈 90° 屈曲位，不能平视，视野仅限于足下。因为"不抛弃、不放弃"是徐忠法抢救病人的永恒信条，以他为首的治疗小组多次探讨，制定了周全、缜密的手术方案。患者呈 V 字形并截石位固定于手术台上，手术操作空间相当狭小，手术操作难度非常大，患者几乎是"坐着"亲眼看医生操作，最终艰难地完成了直肠癌根治术。出院后患者的亲属专程送来了感谢信，感谢徐忠法的救命之恩。

慕名来找徐忠法诊治的患者越来越多，部分人受社会不良风气影响，在术前塞红包，徐忠法总是严词拒绝。对于个别患者家属，为了安抚他们术前的紧张情绪，他有时会暂时收下，但在手术结束后会立马转存入患者住院费。像这样的故事，在徐忠法的从医生涯中实在是数不胜数！2015 年，徐忠法教授被山东省医师协会评为"山东省十佳医师"。

勇于担当善作为

2006 年 8 月，经山东省政府批准，原山东省建筑医院（建院于

1953 年）整建制划转山东省医学科学院管理后，与原山东省医学科学院附属医院整合组建成现在的附属医院。当时，原附属医院和原建筑医院两个医院的年总收治住院只有百余次，医院发展几乎处于停滞状态，并且医院基础设施陈旧，医疗空间有限，管理混乱，百废待兴，离退休人员 200 余人，负担重，在职职工工资发放仅为当时工资标准的 60%，是当时平均工资水平的 1/3。徐忠法作为第一批建设者，于 2007 年 5 月，按照山东省医学科学院的部署，被聘为医院医疗业务副院长，主抓医疗工作。

敢于担当是一种胆识，需要有勇气。他面对任务勇挑大梁，面对矛盾迎难而上。在当时人才、设施、资金都存在困难的发展初期，他带头建起了普外科、胸外科、头颈外科、肿瘤内科、中医骨伤科、综合内科等八个病区，带领大家以饱满的工作热情、高度的工作责任心、严谨的科学态度和精湛的医疗技术，积极开展诊疗工作。2008 年开科当年，医院各项工作就取得显著成绩，职工福利待遇大幅提升。

2010 年 12 月，徐忠法担任院长，全面主持医院工作。"干就干好，干成一流。"他常说，党员干部只有心中有责，才有时不我待的压力和拼搏赶超的动力，才会把全部心思和精力放在干事创业上。当时附属医院的定位是集医疗、科研、教学、预防、保健、社区卫生服务于一体的省级综合性医院，而当时的附属医院医疗用房陈旧、设备落后、人才参差不齐、学科严重不完善、学科带头人欠缺，离省级综合性医院的目标相差较远。面对医院底子薄、基础差的局面，他带领领导班子深入调研，积极征求群众意见，秉承"重学科、引人才、强管理、促发展"的工作思路，带领全院干部职工立志创业，齐心协力，为医院谋发展。

履职尽责谋发展

以学科建设为主线，形成综合性医院框架结构。以徐忠法院长为首的院领导班子深知要想将医院建设成为省级综合性医院，必须下大力气加强医院学科建设，实现各科室均衡发展。医院积极引进专业人才、先进设备设施，为新学科的发展搭建平台，先后建立了肾病科、心血管内科、微创外科、产科、济南市 120 急救中心医科院附院分中心。2017 年，医院又建立放疗科、血液科、内镜中心、康复医学科、临床营养科、EICU（急诊重症监护室），补齐了综合性医院的所有短板，同时完善了相对薄弱学科，学科建设一步一个脚印地完善壮大。目前，医院已发展成为具有 17 个病区、40 多个临床科室和 10 余个医技（基础）专业科室的三级综合性医院。

在他的带领下，医院学科建设成绩斐然，推拿学专业被国家中医药局评为重点学科，并被评为山东省骨伤康复工程技术研究中心；胃肠肿瘤学实验室被评为山东省医药卫生重点实验室；普外科被评为山东省省级临床重点专科；胃肠肿瘤学、淋巴瘤专科、老年肿瘤学、医学心理学、肿瘤微创外科、呼吸病科、康复医学科、妇产科、甲状腺

山东·南澳洲医学论坛暨肿瘤血液病联合实验室揭牌仪式

乳腺外科、肾病科分别被评为山东省医学科学院重点学科或临床重点专科。医院已经从没有一个重点学科，发展为目前拥有国家级、省级重点学科十几个的喜人局面。

2018年肠胃瘤泰山论坛

医院要发展，人才是关键。作为院长，徐忠法高度重视人才建设，提出了"人人都是人才，人人都能成才"的理念，重视每一个人才的成长和培养，让每一个人都充分发挥作用。他精心制订不同层次的人才培训计划，选派专业技术骨干去省内外更高一级知名医院进修学习，启动业务骨干国外培训计划，给大家提供学习机会，同时支持职工在职攻读高一级学历学位。他主持开展了青年创业活动，设立科技创新基金，鼓励年轻人不断钻研创新技术。目前，医院每年青年人开展创新技术达50余项，成为科室发展的新生技术力量。另外，他广开人才招聘渠道，加大投入引进人才。目前，医院博硕士学历人员达到134人，占专业技术人员的21.5%。医院中高级专业技术人员占专业技术人员41.5%。徐忠法还特别注重加强国际交流与合作，在柔性引进国际人才方面做了大胆尝试并取得进展，近期接待法国、澳大利亚、美国医学专家近20人次，均达成初步合作意向。

医院旧貌换新颜

徐忠法院长还狠抓基础建设，努力把医院做大做强。医院要想进一步发展必须要有医疗空间作支撑，新大楼必须要建。之前医院只有1万多平方米的医疗面积，严重制约了学科建设进度，没有足够的医疗空间，医院发展就是空谈。但是对处于起步阶段的附属医院来讲，根本没有基本建设的资金储备。徐忠法上任后，先是鼓舞职工士气，让大家树立信心，随后积极通过多种渠道筹措建设资金，并且争取到了省委山东省政府的财政支持，最后使大楼建设的咨询、论证和立项工作都顺利推进。同时，他充分利用现有的医疗空间，对中医骨伤科病房楼和肿瘤内科病房楼进行装修，改善病房环境；改建 5 号楼，为新大楼建设做好准备。2013 年，门诊病房综合楼建设得到政府立项，总建筑面积 54952.5 平方米，分裙楼、主楼两期建设。历经两年半的建设，近 3 万平方米的裙楼于 2017 年 12 月正式启用，建成了现代化的门诊、急诊、药房、检验科、内镜中心、病理科等基础科室，以及放疗科、血液科等六个病区。大楼内配有智能化中央空调系统、双路中心配电系统、空调能耗监控系统、弱电智能现代化系统等设施，实现了医院的现代化、自动化、智能化。主楼也将适时进行建设，未来医院整体能力将进一步提升。

经过 11 年的努力发展，山东省医学科学院附属医院经受住了医改的严峻考验，克服了医院转诊等重重难关，面貌一新，成为具有特色专业优势的省级综合性医院。医院 2017 年全年门诊接诊人次是组建之初的 4.5 倍，收治住院病人数是组建之初的 76.8 倍，开展手术台次是组建之初的 60 倍，医疗收入是组建之初的 13.7 倍。医院还担负着山东省医学科学院的临床教学任务，是肿瘤学、外科学、医学影像与核医学、中西医结合基础学硕士生带教点。医院一直保持"省直机关文明单位"称号，并先后被评为"山东省服务百姓健康行动群众满意单位""生活品牌榜 2015 省城好医院""山

山东省医学科学院附属医院病房一隅

东省诚信医疗服务满意医院"。卓有成效的工作，战胜困难、奋力开拓的勇气和毅力，勇于担当的品质，使徐忠法得到了全体职工的拥护和信任，也得到了上级领导和有关部门的肯定，2018 年他被山东省委授予"担当作为好干部"荣誉称号，并被省委记一等功。

■■ 务实有为结硕果

从医三十余载，徐忠法始终工作在临床一线，完成手术万余台。作为学科带头人，他带领的普外科团队是一支以胃肠肿瘤外科为特色，包括肝胆胰外科、腹腔镜及内镜治疗中心、微创外科、头颈及甲乳外科等亚专业组在内的专业团队，在国内率先开展肛门重建术、保留盆神经的直肠癌根治术、直肠全系膜切除术（TME）等先进技术或术式，奠定了医院普外科在国内的领先地位。2014 年普外科被评为省级临床重点专科。他创建的胃肠肿瘤学实验室也被评为省医药卫生重点实验室。

他心系百姓健康，以普外科为示范，积极发挥引领作用，在全国范围内积极推广大肠癌多学科综合治疗技术，使肿瘤多学科综合诊治体系日臻成熟，医院也被评为 PMOC（中国研究型医院学会精准医学与肿瘤 MDT 专委会）MDT 示范推广基地、全国结直肠癌 MDT 示范单位。根据省委组织部及山东省红十字会的部署安排，医院近年来成功承办 7 期乡村医生培训班，对省内 17 个地市的 1100 名乡村医生进行了培训，并成立省红十字会乡医培训教研室，组织编写《山东省红十字会乡村医生培训专用教材》，因此，山东省医科院附属医院被授予"山东省乡村医生培训基地"。医院还邀请全体乡村医生担任肿瘤早诊早治联络员，在全省推广消化道肿瘤早诊早治技术，助力基层健康扶贫工作。

他丰富的学术成果和学术造诣得到国内外同行的广泛认可，先后当选为中国抗癌协会大肠癌专业委员会副主任委员、中国医师协会结直肠肿瘤委员会早诊早治专委会主任委员、中华医学会肿瘤分会早诊早治学组组长。面对国内普遍存在的恶性肿瘤早诊率差的现象，他着手主持国家常见恶性肿瘤早诊早治规范的制定并努力推广，使山东省医科院附属医院胃肠肿瘤学专业跻身国家队行列，也使恶性肿瘤早诊早治得到重视并逐步规范化。

甘为人梯育新秀

徐忠法常说："一花独放不是春，万紫千红春满园。"对他手把手带出来的"徒弟们"来说，他既是严厉的师长，奖惩分明，又像慈祥的兄长，关爱有加。作为团队的领路人，他时刻不忘对新人的培养和教育。他传技术不保守，传经验不留余地，积极选派中青年的技术骨干到国内外知名医院进修深造，增长才干，他要让身边的同行身怀绝技，专有所长。在徐忠法教授的带领下，一群富有朝气、思维敏捷、敢于创新、不断进取的中青年骨干医师走到了台前。

作为国内大肠癌界的领军人物，徐忠法乐于为年轻医生传道授业解惑，在专业知识领域给予引领。他成功举办第九届全国大肠癌学术会议、第八届中国肿瘤学术大会大肠癌专场暨中国北区大肠癌青年论坛，他还常利用休息时间参加国内外学术会议，做精彩的学术讲座，分享他的成功手术案例，一步一步地讲解手术操作要领，让年轻人站在高起点上，在专业领域走得更远。这种虚怀若谷的大医风范，使他赢得了同行们的广泛赞誉。

作为学科带头人，他站得更高，看得更远，从未停止，不断探索。随着肿瘤病人不断增多，大部分病人不愿意带瘤生存，而微创技术不仅能彻底清除局部肿瘤病灶，而且创伤小，恢复快，很受肿瘤病人欢迎。所以，徐忠法又致力于研究微创技术，组建了微创技术团队，经过反复实践，成功开展了射频消融、微波消融、氩氦刀消融、粒子植入、时辰化疗等微创技术。

　　自 2011 年开始，他倡导开展青年创业活动，设立科技创新基金，每年召开青年创业项目评审会、中期评比会及表彰会，激励青年专业人员结合本职工作开展项目研究应用。几年来，该活动共开发新技术新项目数百项，其中 3D 打印手指关节重建、国内首例类 PEG（经皮内镜造瘘）途径支架置入治疗幽门十二指肠恶性梗阻等技术达到国内领先，消化道肿瘤基因筛查及腹腔镜技术、甲乳外科和肝转移瘤的微创治疗技术达到省内领先。

　　徐忠法院长医术高超，经他治愈的患者遍布省内外，很多患者慕名前来，称呼他"徐大夫""徐主任""徐教授"。担任了多年院长的他，一直没有放弃临床一线的工作，忙碌是对徐忠法院长平时工作节奏的最好注解。其实徐忠法院长还是一位艺术爱好者。临近采访的尾声，徐院长跟笔者谈到他平日酷爱的书法。他说："艺术讲究精益求精、尽善尽美，医术也是如此。"在 30 年的从医生涯中，做过无数例手术的他，正是像一个艺术家创作艺术作品那样，用艺术的极致思维，攀上医学巅峰！

盛迎

为医者，为师者，为将者

——山东省公共卫生临床中心李强

专家介绍

　　李强，无党派人士，医学博士、EMBA（高层管理人员工商管理硕士），现任山东省公共卫生临床中心主任医师、肝病中心主任，山东大学教授、博士生导师，树兰医疗集团特聘专家，日本东京大学访问学者。

　　主要从事传染病的临床、科研和教学工作，擅长病毒性肝炎、肝硬化、肝脏肿瘤的综合治疗。

　　新冠肺炎疫情爆发以来，李强作为一线医务人员，在新冠肺炎患者临床救治、科学研究等方面做了大量工作，并承担了济南市新型冠状病毒肺炎重大攻关项目"新型冠状病毒感染肺炎的早期防控与综合治疗策略集成研究"。李强教授近三年带教山东大学硕士生 10 人、

为医者，为师者，为将者

博士生 5 人，并承担山东大学来华留学生传染病学英文教学工作，承担国家"十三五"规划教材《传染病学》第 9 版及研究生教材《感染病学》第 3 版的编写工作，主持"传染病与肠道微生态研究进展""肝衰竭诊疗进展"等国家级继续医学教育项目，曾荣获"泉城卫生学者"、济南市第 11 批科技拔尖人才等荣誉称号。

夏日的阵雨匆匆袭来，嘈嘈切切的声响被格挡在窗外。"怎么判断肝脏有没有损伤？""肝损伤都有哪些原因？"……与李院长的学生们一道坐在桌旁的我，一面旁听着他们探讨，一面分出了部分思绪在脑中整理着之前随着李强主任的介绍在院区内所了解到的一切。"肝病诊疗中心下设科室或亚专科：母婴阻断门诊、普通病毒性肝炎、非传染性肝病、中西医结合肝病科、肝硬化、门脉高压、肝脏肿瘤、重型肝病……"随着李主任的介绍，我们走过中心的肝病病区、门诊与各类科室、研究室，"肝病病人全生命周期管理，疑难肝病会诊中心，基于人才、团队、经验的肝病、肝硬化、肝癌的综合治疗，在重型肝炎、肝硬化、肝脏肿瘤综合治疗上处于先进水平……"他对于院区的介绍中不乏我不甚了解甚至未曾听过的名词，但我却能从他的言辞中感受到他的情绪——饱含对专业、对工作的赤诚与骄傲。

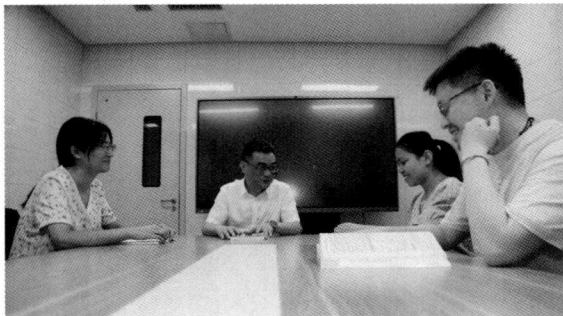

一、为医者——我喜欢这个专业

"我喜欢这个专业。"这是谈及专业选择时李强教授毫不犹豫给出的答案，这个回答单纯而真诚。

"传染病"似乎是让人避犹不及的标签。在国家卫健委 2021 年 7 月对外发布的《2020 年我国卫生健康事业发展统计公报》中，"病毒性肝炎"居"报告发病数"与"报告死亡数"疾病统计的前五位。

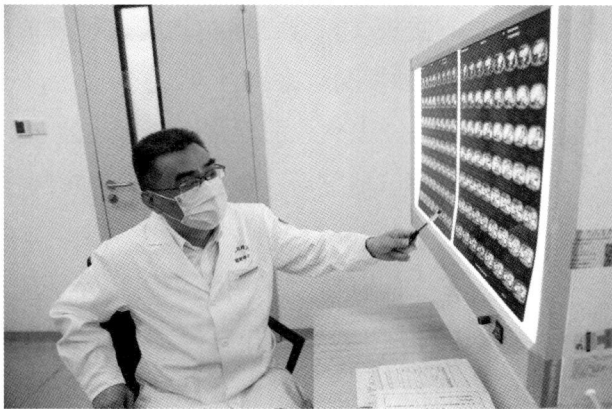

"我国目前约有 7000 万乙肝携带者，2000 万 —3000 万慢性乙肝患者，而乙肝的诊断率只有 17%，治疗率只有 25%，而且乙肝仍是危重症病死率高的疾病。"以病毒性肝炎、肝硬化、肝癌的综合治疗为主要研究方向的李教授自然地流露出一种对专业相关领域的了如指掌，"我国对丙肝治疗的进展还是很乐观的。你们可能比较少听说丙肝，它是一种被称为'沉默的杀手'的病毒性肝炎。我国从 20 世纪 90 年代初期开始大力开展丙肝筛查，推进丙肝的干扰素治疗和 DAA（抗病毒）药物治疗与研发。目前应用 DAA 药物治疗丙肝，治愈率能达到 95% 以上，其中三种药物进入国家医保，大大减轻了丙肝病人负担。"

"我印象比较深刻的患者，是一个 16 岁的、高一的孩子。"2013 年，时任济南传染病医院二科（现肝硬化科）主任的李强负责这个少年的救治工作。"他是突发性的慢加急性肝衰竭，从其他医院转到我们医院进行治疗。病人送来时感染情况非常严重，已经陷入昏迷状态。"

为挽救这名年轻人，医院立刻组织医护人员成立了救治小组。在小组内所有医护人员的全力抢救下，这个少年终于在昏迷五天后的清晨苏醒。回忆到这里，李主任的脸上显露出一点引以为豪的神色："他醒过来对他母亲说的第一句话是：'妈妈，我饿。'"而这段回忆并没有在抢救成功后匆匆落幕，李主任针对这名患者的情况进行了溯源。"实际上这种16岁病发肝衰竭的情况很少见。这个孩子早先就患有慢乙肝，但没有做过检查，最初只是上体育课或者其他需要发力的时候感到难受，他也没有重视，就自己简单地将这种现象归结为了体力不好或状态不好，然后这种情况越来越严重，直到最后孩子出现了黄疸——眼黄、小便黄，老师才意识到他的异常。"讲述的末尾牵出几分慨叹。

进一步了解了情况后，李主任由这个病例出发做出几点总结。"面对患者，一是坚持，不能放弃每一个病人。"与昏迷时长反增长的是救治希望，但李主任带领下的医护团队并未放弃对这个昏迷五天的孩子展开救治。此一搏，赢回的是一个少年的人生；无影灯下，闪耀的是一个医者的担当。"第二，对慢乙肝的防治要点，还是早期诊断，早期治疗。"乙肝至今仍是一种无法治愈的疾病，且会经慢乙肝→肝硬化→肝癌三步发展，最终造成严重的个人损伤和公共卫生负担。所以早发现、早诊断、早治疗是乙肝防治最重要的措施。

二、为师者——专注尤其重要

"实际上当时我个人希望学计算机方面的专业，但是我父亲更希望我学医，所以我就学医了。考入了医学院，毕业以后就分配到济南市传染病医院，一直在这工作到现在。"

李强教授与医学的缘分，至今已持续了三十余年。

"我印象比较深的一个老师，是王耀宗教授。他也是我们医院的老前辈，八十多岁了，是山东非常有名的老专家。我从来到医院工作

就跟着他学习，跟了很多
年。我从王教授身上学到
了很多，包括临床经验、
做事态度、如何与患者沟
通等方面。"李强教授总
结了老教授对自己影响最
大的三个方面："第一是
爱心，第二是担当，第三是专注。""传染病医生"的头衔让他们成
为了医生中尤其高危的群体，他们站在离各种病疫最近的地方，面对
的是更大的救治压力，并且有着治愈病患和保卫公共卫生系统的双重
责任。在王教授那里习得的爱心、担当与专注已被李强教授磨砺为本能，
所以他才能说出"喜欢这个专业"这句话。

　　如今，李强教授也成了老师。我们随在查房的学生队伍末尾，跟
随李强教授走入病房，旁观他查房时向患者周全问询、温和建议，再
以反馈中出现的现象考问学生。从病征、定义，到近期才出现的新的
医学概念，结合实际病例的教学，在夏日清晨的阳光中，落成学生们

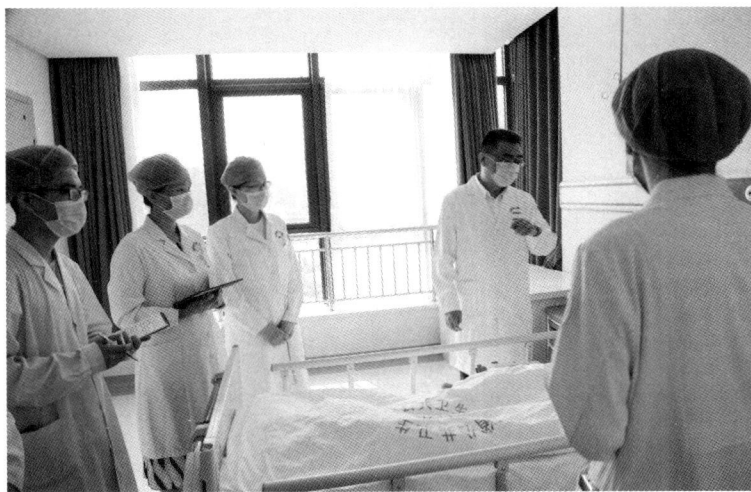

手中的一行行笔记，再转化为让他们成熟起来的养分。

"从我个人体会来谈，我觉得专注尤其重要。专注就是要朝着一个制定的目标不断努力，这一点对人的成长非常重要。"

爱心、担当与专注，这些他曾从王耀宗教授身上学来的品质，也随着一句句教诲，得以传承。

▌▌ 三、为将者——利用业余时间

"现在工作对我来讲，如何分配管理工作和业务工作的时间是一个难点，因为二者都需要耗费很多时间。"管理职务带来了工作时间上的压力，而李主任也坦然承认时间分配上的难题。"我个人的处理方法就是利用自己的业余时间来开展业务或者科研工作。"这便是会议桌对面这位笑起来温和又稳重的医者对医院、对医学的热爱做出的牺牲。

因为有身为管理者和医者的担当，所以同样重视这两部分工作；因为对患者的心怀大爱，所以仍坚持发挥专长，只为祛病止痛；因为对医学怀着诚挚的热爱和专注，所以坚持不离临床科研一线。

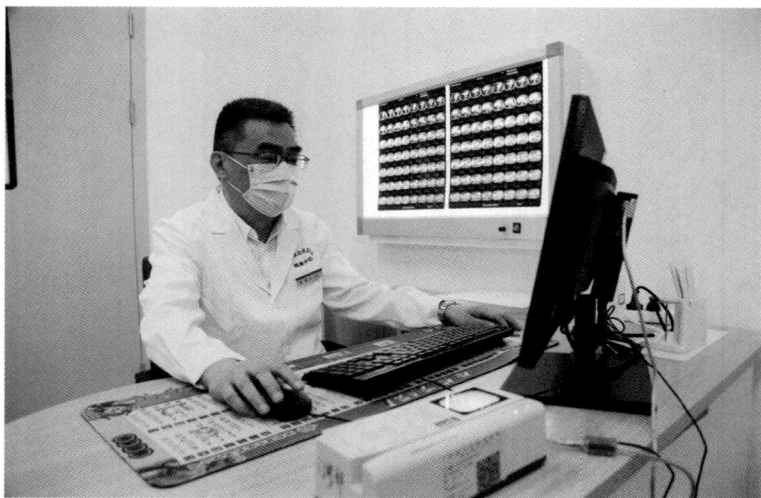

而当李强主任就此与我们进一步详谈时，我才知道，作为领导者，他所考虑的远不止于此。"就我自己来说，我很喜欢公共临床卫生中心这个平台，我通过这个平台可以救治众多的病人。由己及人，吸引人才，留住人才，也当着重从三个方面入手：待遇、平台、工作环境。"

　　"周公吐哺，天下归心"是他的初衷；"在其位谋其政，任其职尽其责"是他的态度。作为肝病中心的主任，他弯弯的眉眼里有对"中心"未来的深思，有对行业后浪的慈祥，有对业界前景的期待。

　　采访结束后，我看着雨幕之中"山东省公共卫生临床中心"的招牌，采访内容在脑中梳理到最后，归结为一个疑问：这栋中心大楼，乃至我国这方热土有多少这般的医者？

　　这个问题没有答案，却为我带来了一种安心。更安心的是以李强主任为例的国之医者仍奋斗在为国家培养更多良医的道路上。

　　思及此处，我走出中心的大门。

　　身后，在雨水中默默伫立的中心大楼给我带来了一种由心底蔓延至身体每一寸的暖，这种暖让我唇角形成一个上扬的弧度。

代安娜

神经内科的专家，沉默"星球"的英雄

——山东省公共卫生临床中心丁剑

专家介绍

丁剑，山东省公共卫生临床中心神经内科副主任医师，毕业于山东第一医科大学（原泰山医学院），从事神经内科临床工作17年。师从北京天坛医院赵性泉教授及国际知名专家美国UCLA（加利福尼亚大学洛杉矶分校）田军茹教授。在核心期刊发表论文数篇，主持国家级课题1项，参与省级课题2项，以第一主编出版眩晕及脑血管病著作1部。先后被评为2016年度山东省保健工作先进个人、2019年山东省卫生健康系统先进典型事迹人物及2021年济南市卫健先锋服务标兵。

擅长脑科及眩晕疾病的诊疗，对脑梗死、脑出血、脑血管瘤、头晕、耳鸣、耳聋、头痛、失眠、脑老化、帕金森病、痴呆、面瘫、三

又神经病等疾病的诊疗，积累了丰富的经验。开创性地在国内开展视觉背景前庭康复训练，治疗晕车、晕船、头晕及老年人的易跌倒，取得良好效果。

兼任中国研究型医院学会眩晕医学专业委员会青委会常务委员、中国医药教育协会眩晕医学专业委员会委员、中国卒中学会卒中与眩晕分会委员、山东省中西医结合学会眩晕病专业委员会委员兼秘书、山东省康复医学会第一届眩晕康复分会委员等。

在电影《独行月球》中，沈腾扮演了一名在月球上独自探索的"英雄"——独孤月。电影中大多时间，作为月球上唯一的人，独孤月都在与一种沉重的孤独同行。

我坐在观众席中，看到电影主角走过灯光逐渐亮起的长廊的背影，不禁想起现实生活中一些沉默着独自奋斗的人。

我在浏览"神经内科"的专业介绍界面时才突然意识到，它所针对的是多么常见而又严重的病症。于是，我重新翻看丁剑主任相关的资料，再次阅读他为提升专业能力、为开展专业科普做出努力的那些描述性文字时，我也能看到一个"英雄"的背影，行走在病房间、课堂上……

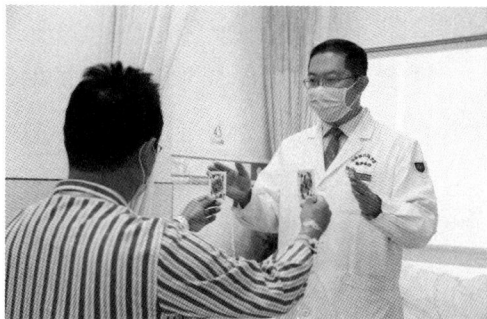

我想讲讲这个神经内科的"英雄"的故事。

一、良苗怀新，医路起始

这个"英雄"的故事也起源于一个孩子的梦想。

"说实话，我从小身体就很差，又黄又瘦，天天看病，整天打针。那时甚至有些亲戚跟我家里的老人家说：'这孩子恐怕不容易养活。不行就赶紧淘了（方言：送走、舍弃的意思），再生一个！'"

"那时我们当地有两位名医，一位是乡镇医院的张院长，另外一位是中医杨大夫。这两个大夫在我们当地都很有名望。"

"我的身体就是经过两位医生治疗逐渐好起来的，那时我就觉得，医生是真正能为人解决问题的人。"

除此之外，常年住院的幼年丁剑也见证了患者对医生的依赖，以及由这依赖所衍生的尊重。"那会儿我只是感觉无论贫穷、富有，无论年轻、年迈，无论是百姓或官员，都对医生非常尊敬。"

于是，一颗想要成为能为别人解决问题、受人尊敬的"英雄"的种子飘落在了丁剑的心里，并在他报考医学院时，开始生根发芽。

录取通知书送达少年丁剑手中时，那扇医路开端的沉重巨门终于在他面前敞开。梦想在这时褪去了华美衣装，成为一条布满玫瑰与荆棘的道路。

"真正拿到大学录取通知书的时候，我才突然意识到这是不是意味着自己今后每天都要面对病人，这样会不会很痛苦。"丁剑主任说到这里时，我不禁侧目去看他的表情，他仍是坦然地笑着。他讲述中的那个少年因这样天真的担忧脱离了"英雄"那样平面的形象，而具有了一种温度。

正是这份踟蹰使得丁剑

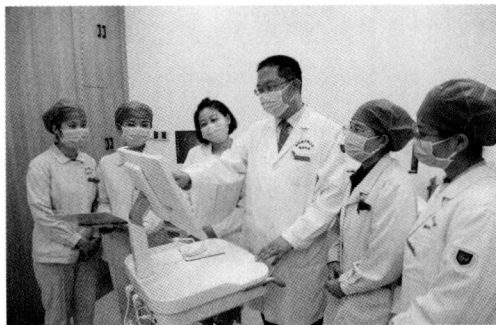

之后的努力更让人钦佩——尽管对未来感到惶惑，他仍然坚定前行。

■■ 二、高歌猛进，专注神经

在医学院学习的过程中，丁剑逐步发现了自身与医学的适配。他是个细心又耐心的性子，并且动手能力卓越。

"大学的结业考试成绩，我的诊断学和解剖学最好，都是我们班的最高分。我们所有动物实验，包括动物标本的解剖、尸体标本的解剖，我也都是我们班做得最标准的。"

立于解剖台前示范的丁剑，已在一次次的实验中褪去了青涩，但仍保持着沉着、谨慎。他指尖捻着薄薄的手术刀，心无旁骛，镜片后的那双眸子之中，只有神经脉络。

"我后来选择神经内科最直接的原因也是这个专业对解剖学有比较高的要求，而且它是一门比较难学、学的同学也比较少的专业，我想试试看。我就是有这个特点，别人觉得难的，我反而愿意去学。"

技术与意向、理性与感性似乎一同决定了，那个年轻人会挟着专业底气与少年意气，推开神经内科的大门。

那年正值山东省第一批卒中单元建立，神经内科专业的丁剑成为其中一员。在当时卒中单元新建立的神经ICU（重症加强护理病房）中，他形成了较为成熟的知识结构体系。

"大概在2013年，那时我已经在院里待了七八年，我发现神经内科有一个很重要的病，是一种脑血管病之外的常见病，眩晕、头晕。这是一种非常常见的病症，但是治疗效

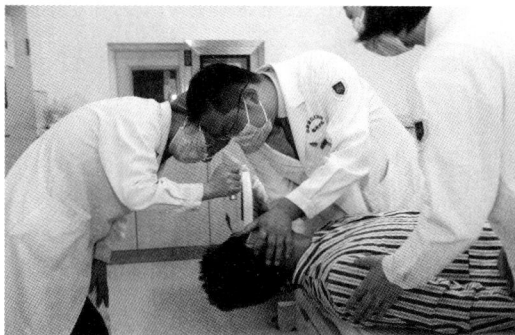

果非常差，然后我就专门去学治眩晕。"

带着失落，他迈入医学高门，勤奋几载春秋；从容自信，他踏上神经道路，更上一层高楼；几年临床，面对一片人迹罕至的旷野，丁剑背上行囊，走向自己的方向。

▌▌ 三、指画口授，眩晕恩师

言及对眩晕的研究，丁剑主任谈起了自己的恩师赵性泉。

"首都医科大学附属北京天坛医院神经病科中心的主任兼党组织书记，北京天坛医院神经病学首席科学家，全国范围内的神经内科领军人物，国内最早开始研究眩晕的专家……"他的声调隐隐高了些，这般描述勾勒出一名专业度极高的专家轮廓。

他再讲起在老师带领下参加的多学科会诊，讲起参与"圆桌场"会诊的专家们，讲起病症，讲起老师为他的认真在圆桌旁设立的唯一一个学生座位，然后说道："能遇见老教授是我的幸运，他是我人生中最重要的老师，是求医路上的领路人。"

"有时病人太多，二十余名专家一个一个会诊来不及，这时老师就会将会诊专家分成两组，他就带着我去看……在全国的各种会议上，他也给我很多机会让我去展示……他曾常对人夸赞我说：'丁剑，他是我学生里边在基层干得最好的。'"

丁剑主任浓墨重彩刻画的另一位恩师是世界范围内前庭基础原理研究前五的专家，美国加州大学洛杉矶分校的田军茹教授。

在讲述之前，丁主任先从手边拿出一本专业书让我简单翻看。书极厚重，却能在翻阅时让人清晰感觉到书页已不太新，有不少阅读的痕迹，经丁主任提醒我才注意到，图书封面上的主编便是"田军茹"。

"田教授在北京第一次办的学习班，是一个专门针对前庭基础理论的培训，一共是10节课，每月一次，我每次都去。"从山东到北京，丁剑每月往返一次，只为向顶尖学者求学，只为将难解病症剖解。那段来去匆匆、风尘仆仆的时光，经年之后，沉淀出动人的暖色。

基础原理理论的晦涩枯燥，随着课时推进，于愈发寥落的课堂中可见一斑。"最初是全国范围内相关专业比较知名的专家都去了，课时进行到一半的时候，课堂上就剩二十来人。然而这二十来人中还有一半没听懂，基本无法参与我们的讨论，甚至是直接在那里睡觉。"

"但是我每次都坐第一排，还拿着录像机，课堂上也和田教授互动得非常好。"

大浪淘沙，余下的自是最耀眼的一抹。

"经过与田教授在课堂上的互动和沟通，结课后我们互相加了微信好友，留了电话联系方式，现在仍然保持密切的联系。"

四、金钗钿合，神经内科

在自身的学习提升之外，为保证更好地服务群众，丁剑主任也积极推动促成了山东省公共卫生临床中心神经内科和首都医科大学附属北京天坛医院的合作。

"我们和北京天坛医院通过山东省和北京市政府层面批文建立了长期的院级合作。这是一种山东省的软性人才引进计划。由北京天坛医院赵性泉主任牵头组织团队到山东省公共卫生临床中心坐诊、会诊。这个团队还包括脑血管病介入领域的李佑祥教授，头晕、脑血管病的内科治疗领域的鞠奕教授等各领域的全国顶级专家。每位专家每月到中心坐诊、会诊3—4天。"

聊到科室，丁剑主任的语气中透出轻快，列举起优秀的同事，如数家珍，引以为荣。

"我们科室有五大特色，第一个是和北京天坛医院顶级专家团队的合作；第二是脑血管病的急救、介入、救治、康复一体化治疗，我

们尤其擅长脑血管瘤等出血性脑血管病的介入治疗；第三是针对耳源及脑源性眩晕的全领域、全学科以及中西医综合治疗；第四是针对脑老化的预防及治疗，特别是对老年人易跌倒的筛查及治疗；最后一个就是我们追求高层次的长期健康随访管理服务。"

若神经内科是一件无价之宝，那这几点便是珠宝最动人的光彩。丁剑主任如一名设计师，进一步介绍："对出血性脑血管病的介入治疗，是目前神经科比较棘手的问题。"但山东省公共卫生临床中心神经内科依托天坛医院的出血性脑血管病的介入治疗顶级专家团队，便有最大的底气。科室非常注重早期康复，以尽量减轻患者的肢体后遗症为核心，并且针对康复难度较大的神经损伤，如手功能后遗症，也有非常专业的神经康复专家及设备。高水平介入及术后康复，是脑血管病治疗效果的有力保证！

针对眩晕，山东省公共卫生临床中心的神经内科目前可以做到耳源性眩晕与中枢性的眩晕全领域治疗，内科、外科、微创的全科治疗，以及中医结合治疗。这是目前在山东乃至全国都相对比较前沿的治疗组合及理念。

针对脑老化，特别是对老年人易跌倒的筛查及治疗，山东省公共卫生临床中心的神经内科有以天坛医院顶级专家团队为依托的先进治疗手段和国内领先的脑老化筛查及治疗设备，并特别设计了针对跌倒风险的前庭等系统康复，保证了脑老化的治疗效果。

神经内科疾病有许多都是慢性疾病，因此中心神经内科会与每个病人建立联系，对出院一月以内的病人进行每周定期随访，出院一月之后，每半月或一个月与患者联络一次，紧密跟踪患者的病情，并提供多方位的健康管理及帮助。

高端人才如稀有的矿产，技术特色如纯净的色彩，仁心医德如完美的切割……山东省公共卫生临床中心神经内科是丁剑主任及众位"设计师"打造的省级"瑰宝"。

■ 五、方兴未艾，脚踏实地

瑰宝华美，却难免有明珠蒙尘的无奈。丁剑主任细致系统地阐述了科室在治疗与服务上的优点，但落到对眩晕等神经内科疾病的实际治疗现状上，仍生出几分感叹。

"首先老百姓对脑血管瘤、眩晕这类疾病存在很多误区。"

在大多数人眼中，脑血管瘤意味着脑部血管发生恶性肿瘤病变，是种癌症。而谈及更常见的眩晕，又总是陷入高血压病、颈椎病与心脑血管疾病三大病因的窠臼。

"然后，群众对神经专业、科室的知晓率也比较低。"

丁剑主任多年来虽积极开展相关科普，甚至孤身去乡村集市上发放自己设计的科普资料，但仍有不可胜数的人提及"神经科"只能想到疑难病症。

"而神经内科针对哪些病呢？神经其实与人体的每个部位都有关

系，因为我们人体的各个组织，包括指甲，都必须有神经。所以任何原因不明的疾病都可到神经内科诊治。"

"另外，很多人对我们医院的知晓率也低。"丁主任苦笑。

丁主任说罢，我不禁也有些哑然。他依旧笑着，身后是夏季发烫的日光，我却像是旁观了一场盛大的表演，台下无人喝彩。

丁主任却没有沉默下去，近二十年的从医经历让他能鞭辟入里地评价现状，也能深入研究后提出解决思路。"我们要利用各种途径做宣传，但更重要的是要通过我们服务，然后让老百姓知晓，得到老百姓的认可。"

我想，丁剑主任与独孤月仍是不一样的。

虽身处静默的"星球"，虽少有人知其奋斗的轨迹，但他与神经内科的专家们却是在以脚步丈量这片方兴未艾的"荒地"，向着让这片领域开满鲜花而努力。

那些白衣背影身后留下的，是一个又一个坚实的脚印。

代安娜

大医是这样炼成的

——青岛大学附属医院骨科医院副院长西永明

专家介绍

西永明，医学博士，主任医师，教授，博士研究生导师，博士后合作导师，青岛大学附属医院骨科医院副院长，山东省创伤骨科研究所副所长，青岛大学附属医院崂山院区脊柱外科主任，山东省"泰山学者特聘专家"。

擅长颈椎伤病、脊柱畸形和脊柱肿瘤以及颈胸腰椎退变性疾病的微创治疗。先后承担3项国家级或省部级科研项目，在国内外知名期刊以第一或者通讯作者发表论文50余篇，授权国内外专利10余项，以第一完成人获得包括山东省科技进步二等奖在内的5项省部级奖励。先后荣获卫健委"医德风范（骨科）杰出青年奖"、山东省"泰山学者特聘专家""全国十佳中青年骨科医师""青岛市拔尖人才""青岛市优秀

青年医学专家”等荣誉称号。

兼任中华医学会骨科学分会创新与转化学组委员、中国老年学会骨质疏松专业委员会常务委员、中国康复医学会脊柱脊髓专业委员会脊柱脊髓损伤与康复学组委员、《中国骨质疏松杂志》常务编委和《中国矫形外科杂志》编委等。

学医、从医是一场心诚志坚的修行。路不平坦，不影响矢志向前；充满困难，益发激励斗志潜心钻研；“圣人无常师”，走遍世界，向拥有先进技术的专家学习。名医大都如此，西永明也是。

博极医源，精勤不倦

西永明，1988年—1993年就读于青岛医学院，临床医学专业毕业获学士学位，1996年考取青医附院终身医学专家、骨外科胡有谷教授硕士研究生。攻读研究生期间，他除临床实习半年外，两年多的时间都在实验室度过。1999年他获青岛大学医学院骨科学硕士学位，并留附属医院脊柱外科工作。2004年他考取第二军医大学附属长征医院

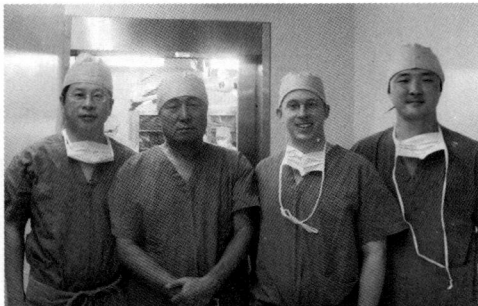

2006年跟随全脊椎截骨（VCR）技术创始人 韩国 INJIE 大学的 SUK 教授学习

贾连顺教授博士研究生。在读博士期间，他几乎每天在手术室里参观不同专家的手术，对一些罕见病和疑难手术，经常守在手术台前一站就是一天。2007年西永明毕业，获临床医学博士学位。2007年6月，他到北京人民医院短期研修，

就教于我国著名骨肿瘤专家郭卫教授；2007年7月到韩国首尔INJE脊柱中心进行了脊柱矫形的短期培训，师从世界著名脊柱矫形专家Se-II Suk教授；2010年到美国华盛顿大学巴恩斯－犹太医院，跟随特发性脊柱侧弯Lenke分

与中国留学生在实验室

型提出者Laurence G Lenke教授学习；同年去德克萨斯州TSRH儿童医院学习儿童脊柱畸形矫形技术。以扎实的基本功、厚重的理论基础去看先进技术，就像揭开纸片背面写着的谜底。访学让西永明熟练掌握国内外先进的脊柱外科理论和技术，在颈椎病诊断和治疗，尤其是高位颈椎疾病的诊治、脊柱肿瘤和脊柱畸形的治疗上如虎添翼。2011年，西永明回国开展各项新技术的临床应用。

疗效是最具权威的号召力。一次，我在西永明教授门诊候诊区偶遇一位来自日照的患者，他手里拿着一个纸条，上面写着青大附院西永明的名字和联系方式，这是患者当地医院医生写的。当地医院没有把握给这位患者做手术治疗，推荐他来这儿。写纸条的的医生和患者并不认识西永明医生，只是慕名而为。西永明门诊的患者大约70%来自青岛以外地区。

安神定志，大慈恻隐

与西永明同台手术过的同行都会了解，他手术干练、准确、精细，一年要做300多台。精湛的技术源于丰富的工作和学习经历。西永明专注椎间盘突出症的基础研究，几乎每天都读一篇与之相关的外文文献，熟悉国内外相关研究的进展与趋势。学无止境成就了今天西永明

教授精湛的医术，他用妙手展仁心，诠释着医者大爱无疆的情操，并把自己的精力和快乐融入白衣天使执着的坚守中。

从医的目的就是为人们解除病痛。看见那些弓身弯背的人，西永明难抑心中恻隐，更觉责任之重。因此，在他20余年从医经历中，体现最明显的就是他对创新的渴望，因为每一次创新都意味着一种残障具备了康复的希望。他总是将学习和掌握的国内外先进脊柱侧弯的矫形理念与前沿的脊柱肿瘤治疗技术创新，应用在临床医疗中。他率先开展了富有挑战性的上颈椎疾患、脊柱畸形和脊柱肿瘤的全脊椎切除重建技术等多项新技术项目，填补了该领域多项空白。西永明还针对中重度僵硬性脊柱后凸畸形进行经椎弓根截骨术改良，在上颈椎疾病治疗和脊柱畸形矫形方面产生了较大影响。2014年，西永明提出的改良截骨术获得了青大附院创新技术奖；2015年，他的颈椎前路复位钢板的设计再获青大附院新技术项目奖。现在，他又开展了多学科协作，精准诊断治疗，和医院康复科建立了MDT项目，已经进行了几期深入研讨。西永明说，创新的动力也来源于医院搭建的工作和学习平台，得益于前辈专家的精心培养和团队的支持帮助。

近年来，西永明先后发表学术论文50余篇，其中SCI论文8篇；参编著作6部。他作为第一负责人承担山东省科技攻关课题1项，省博士基金课题1项，国家自然科学基金课题1项。他获奖5项，其中作为第一完成人获得2012年山东科技进步三等奖1项、2015年山东医学成果二等奖1项，作为主要完成人获得青岛市自然科学一等奖1项、

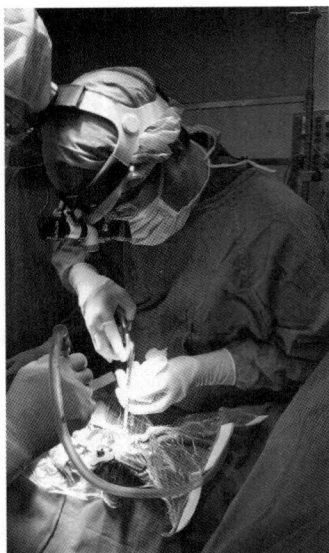
开展颈椎前路微创手术

山东医学成果三等奖 2 项。他誓言一样地宣示："凭着良心和尊严从事我的职业，我首先考虑到的是病人的安全。"多年来他从未出现一例医疗安全差错和纠纷，为医疗卫生事业做出了积极贡献。

宽裕汪汪，不皎不昧

从孙思邈的大医精诚论，到西方的医师宣言，都在强调具有高超医术的同时，医德的重要性。对一个临床医生来说，医德很具体。

"我 70 岁的老母亲手术后状况跟以前大不一样，大腿部位不麻不疼了，30 天能下地走路了。3 个月后复查恢复良好，并能走一小段路了。由衷地感谢西永明主任和他所带领的团队为我母亲解除了痛苦，西主任高尚的医德、高超的技术、热情的服务让人佩服，为他点赞。"

"我母亲腰疼 10 天，严重影响了正常生活。我们辗转几家医院未有明确医治方案，经朋友介绍找到西永明教授，我母亲成功地做了手术，只住院 7 天就返回家中。我母亲 84 岁高龄了，西教授在第一时间给安排了检查，安排住院，他高超的医术和崇高的敬业精神无时无刻不感动着我和我的家人。"

"一直以来就听说青大附院实力强，脊柱外科西永明教授在脊柱畸形这方面有着高超的技术，于是我带母亲来青大附院做了手术，我深切地体会到青大附院的好。在就诊和手术时充满人性化的服务过程，准确的诊断，成功的手术，以及术后对病人无微不至的护理，都出乎我的意料，使我们全家感动不已。这使我不得不拿起笔来，写这封感谢信。"

"受腰间盘突出折磨多年了，终于决定彻底解决。别人给介绍的西永明教授，很热情，而且有耐心。我因为要做手术，所以有点紧张，但西主任不厌其烦地给我解释，最终手术很成功，术后恢复也很好，感谢西教授。"

谦诚恭谨，再接再厉

第八届中国骨科医师年会于 2015 年 5 月 7 日至 10 日在北京国家会议中心隆重召开，来自国内外的万余名注册骨科医师参加了本次年会。中国医师协会会长张雁灵教授出席会议并致辞，本次大会主席、中国医师协会骨科分会会长王岩教授主持并发表讲话。开幕式上，对评选出的全国十佳骨科医师进行了表彰。

西永明荣膺"2015 年度全国十佳中青年骨科医师"称号

青岛当地媒体报道说，2015 年度全国十佳中青年骨科医师评选活动于 2014 年 12 月 1 日正式启动。经过地区推选，经由中国医师协会骨科医师分会会长、副会长和十四个工作委员会主任委员组成的专家评审委员会评审，以及最后的网络票选，最终选出全国十佳中青年骨科医师。青大附院脊柱外科西永明教授从全国数万中青年骨科医师中脱颖而出，获此殊荣。

近年来，西永明先后开展多项医疗新技术项目，填补了该领域多项空白。其中，他提出的寰枢椎矢状面关节角度和复位指数，对难复性寰枢椎脱位的诊断和治疗具有指导价值；设计的颌下入路复位钢板，以及对难复性寰枢椎脱位进行技术改良——颌下入路松解复位钢板复位固定技术，获青岛大学 2014 年新技术创新奖和国家专利，并获山东科技进步三等奖；针对中重度僵硬性脊柱后凸畸形进行经椎弓根截骨术（PSO）改良，其相关技术发表 *Eur J Orthop Surg Traumatol*（欧洲创伤外科）杂志，在上颈椎和脊

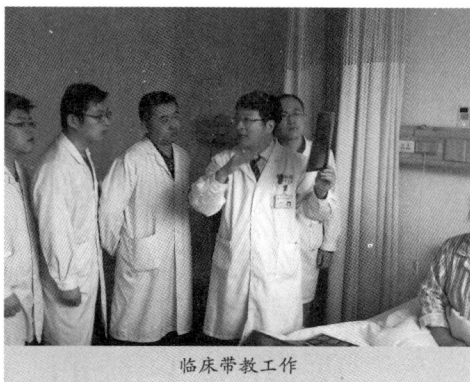
临床带教工作

柱畸形矫形方面产生了较大影响。目前西永明因开展的系列工作在国内具有了一定的知名度和影响力，经常应邀赴省内外多家医院开展业务指导工作。他还兼任北美脊柱外科学会（NASS）会员、中国老年学会骨质疏松专业第五届委员会常务委员、《中国骨质疏松杂志》第五届编委会常务编委、《中华临床医师杂志》编委、《中国矫形外科杂志》编委，并先后被评为"青岛市农工民主党优秀党员"和"青岛市优秀青年医学专家"。

结语

奖励属于历史，未来还有很长的路要走，西永明继续着他的长征。

李耀华

医路雄关漫道，医者一往无前

——青岛大学附属医院陈伯华

专家介绍

陈伯华，主任医师，教授，留德医学博士，博士研究生导师，曾任青岛大学附属医院骨科医疗中心主任、大外科副主任，获"青岛市拔尖人才"、首届"齐鲁名医"称号。

兼任中华医学会骨科分会常务委员，中华医学会医疗鉴定专家，中国老年学会骨质疏松分会副主委，中国脊髓损伤学会副主委，中国康复学会脊柱脊髓专委会、颈椎病专委会常委，山东省骨科学会副主任委员、脊柱外科学组组长，《中华外科杂志》《中华骨科杂志》等国内知名骨科杂志编委与常委编委等。近5年发表 SCI 论文 10 余篇，主编、副主编著作 9 部。获得教育部科技进步奖二等奖 1 项，山东省级奖励 5

项，青岛市奖励 4 项。目前承担卫生部行业科研专项课题 1 项，国家自然科学基金课题 2 项，曾主持编写卫生部《腰椎间盘突出症》诊疗指南。

岁月就像一条平静的河，时光如水不停地流动着。随着时光飞逝，有些人停滞不前，有些人依然奋战在一线。陈伯华，现任青岛大学附属医院骨科医疗中心主任、脊柱外科主任医师、教授。他自 1983 年参加工作，三十余年如一日，兢兢业业，经历并参与了青大附院骨科从萌芽的专业组，一路成长为全国知名骨科医疗中心的整个过程。如今，陈伯华主任依然坚持在临床，日复一日为患者的健康保驾护航。生活即工作，工作即生活。

▮▮ 薪火相承，砥砺前行

陈伯华，1957 年 7 月生于青岛，1982 年毕业于青岛医学院医疗系，后留校工作。1988 年，陈伯华获硕士学位，专业为骨科学脊柱外科，导师是全国著名骨科专家周秉文教授。1992 年，陈伯华破格晋升副主任医师，1993 年他被选为山东省中青年专业技术学科带头人及学术骨干培养对象，1996 年再次破格晋升主任医师。1996 年，陈伯华赴美国芝加哥 RUSH（拉什）大学骨科部作为客座研究员工作两年。2002 年，陈伯华又赴德国海德堡大学骨科医院进修学习，并获得医学博士学位。

青岛大学附属医院骨科于 1947 年由时任院长的沈福彭教授创立，

经过几代人的艰苦努力，在医教研等方面均取得了长足的发展，已经成为山东省的名牌学科，1981 年被国务院批准成为山东省首批硕士学位授权点之一，1985 年独立建科，1995 年被山东省卫生厅确定为首批省属重点学科之一，1998 年成立了山东省创伤骨科研究所，2000 年被山东省卫生厅确定为省属重点实验室。青岛大学附属医院骨科建科六十余年，几代医者薪火相承，砥砺进取，学科建设取得丰硕成果，先后获批山东省医药卫生重点学科、省临床重点专科、省骨科专业医疗质量控制中心，成为全省本专业龙头科室，2007 年获批成为临床医学博士后流动站博士后培养学科，2009 年获批临床医学临床型博士生培养点，2010 年获批临床医学一级学科学术型博士生培养点，2012 年获省卫生厅批准成立骨科医疗中心，2013 年跃升为山东省骨科专业唯一一个国家临床重点专科，开启了事业发展的崭新篇章。骨科医疗中心（以下简称骨科中心）于 2013 年整体搬迁至位于海尔路的医院东区，下设脊柱外科、关节外科、创伤外科、运动医学科、骨肿瘤科和手足外科等六个亚专科，分工精细，特色突出，构建了跨越青岛两岸、六个亚专科共同发展的良好格局。

如今以陈伯华主任为首的青大附院骨科医疗中心共有医师 55 人，护士 50 余人，技术人员 1 人。其中医院终身医学专家 3 人，博士研究生导师 6 人，博士后合作导师 2 人，硕士研究生导师 24 人；具有博士学位者 27 人，硕士学位 24 人。目前中心床位 250 余张，在建的新大楼完工后，床位将达到 300 张。其业务辐射范围遍及胶东半岛，并向省外乃至国际延伸，年门

诊量约 18 万人次，年手术病例超过 8500 人次，就诊满意率达 97% 以上。

持之以恒，开拓进取

陈伯华身为骨科中心主任，也是脊柱外科医生，如今他每年的手术量在 500 台左右，平均每天 1.36 台手术，有时一天 3 到 4 台。他笑着说："每天一睁眼，就会想今天要做的手术，已经形成了习惯。"如此高的手术量不仅是他医术精湛的体现，也是他受到无数患者信任与肯定的证明。

陈伯华主任介绍道："在我们脊柱外科，我算是中青年一代咯。我们的老教授胡有谷，他是我们青岛医学院医疗系的第一届毕业生，从事骨科临床及基础研究工作至今已经将近 60 年，现在依然在出门诊。我的老师周秉文教授，今年 96 岁，他自从不上手术台，一直到 90 岁还坚持出诊。他们认为这不是工作，而是生活的一部分。我们这些后辈要向他们学习。"有前辈们鞠躬尽瘁的工作态度做指引，陈伯华和科室医生们砥砺前行。

在孙进修教授、胡有谷教授、周秉文教授等老一代专家的带领下，经过 60 余年的发展，尤其是在改革开放后的 40 年来，青大附院骨科医疗中心发展成为集医疗、教学、科研于一体的医疗中心，在山东省乃至国内具有较高的知名度。科里拥有胡有谷、陈晓亮、邹云雯等国内著名的教授，众多毕业于国内外著名高校的医学博士，因此，骨科医疗中心医疗技术全面，可以进行各种脊柱外科的手术操作，尤其在复杂的脊柱外科手术，如脊柱外科翻修手术等方面处于国内先进水平。青岛大学附属医院脊柱外科是以治疗各种脊柱疾患，如脊柱创伤、畸形、感染、肿瘤以及退行性脊柱疾患为主的专业科室，尤其是在退行性脊柱疾病以及椎间盘退变方面的研究较为深入，近年来开展的脊柱精准微创手术，在国内处于领先地位。

陈伯华主任介绍：微创通道手术主要是采用通道技术，精准直达患处，对患者损伤极小，能达到快速康复的效果。采用微创技术治疗腰椎退行性疾病，手术损伤小、出血少、恢复快，缩短住院时间，降低医疗费用，具有很好的社会效益与经济效益，可有效地解决百姓"看病贵，看病难"的问题。

如今科技发展迅速，陈伯华教授也一直紧跟学习，每年都会参加骨科领域的研讨会，并在实践中求真知。他说："外科大夫是不能离开学习的，不然会跟不上技术潮流。"陈伯华每年手术量大，多为脊柱复杂疾患，比如复杂感染、肿瘤、翻修手术以及矫形手术等。近些年，还有海外华人慕名远渡重洋来找陈伯华做手术。陈伯华说："脊椎手术不是一个人的独舞，而是一个团队的协作。一个医生个人专业能力再强，也不如一个好团队的配合。我们骨科的这些成绩都依赖于我们团队建设质量的不断提高和对手术追求的精益求精。"

陈伯华主任特别重视对医生的培养和对后辈的提携。青大附院骨科现在实行主诊医生负责制，即主诊医师带领一个医疗团队，进行团队医疗工作。在这个团队中，需要不断培养年轻人，坚持每周教学查房，带教研究生及本科实习生。医院每年都会安排骨科中心的医生们轮流出国学习。年轻的医生接受新鲜知识、新语言与新技能的能力较强，应当在形成固定思维模式及诊疗模式之前集百家之长，这样才能更好地打造骨科团队，在骨科领域开拓进取。为了加强团队之间的协作，陈伯华经常和团队医生们一起交流生活中的事宜，以一个过来人的身份给年轻一代排忧解难。他认为对医生的培养不能局限于提高医疗技术水平，更重要的是树立高尚医德。

千锤百炼，不忘初心

骨科作为外科系统最早独立的专业之一，在 20 世纪 80 年代所治的疾病主要以创伤为主，当时涉及颈椎、胸椎位置的手术被认为是禁区，而越是禁区越意味着挑战，当年的陈伯华初生牛犊不怕虎，不服输的想法促使他选择了脊柱外科专业。正是这股不服输的勇气使他成为如今国内知名的脊柱外科领域专家。

脊柱是人体的控制中心，就像是房子的横梁，负责支撑人体；脊柱中的脊髓是神经系统的重要组成部分，脊髓和脑合起来，就是所谓的中枢神经，控制着人体所有的动作。所以脊柱的健康对于人来说可谓是重中之重。

脊柱手术接触的是人的神经，而神经细胞一旦损失是不可再生的，因此说脊柱外科医生从业如履薄冰一点不为过。脊椎承载着生命的重量，任何伤害与疾病都会让患者承受巨大的痛苦，因此，对做脊椎手术的医生来说，面对如此高风险的手术，责任心、严谨的工作态度以及高超的医术不可或缺。

陈伯华主任回忆从医三十余年，也有很多力不从心的时刻，术前做了最充分的准备，手术尽了最大的努力，换来的却是遗憾。每个医生都希望患者能早日康复，摆脱疾病困扰，但是目前在医学各个领域，仍有许多未知的疾病。未解的谜题制约着医疗技术的发展，医生的治疗不可能做到 100% 成功，也不可能让每一个患者满意。医学道路荆棘密布，需要从医者不畏艰险、披荆斩棘、持之以恒，这样才能换来健康的微笑。从医最大的挑战是医学的不确定性以及与病人沟通，这些挑战也成为医生不断向上的动力。

有这样一句话："医生的工作是'有时去治愈，常常去帮助，总是去安慰'。"陈伯华主任说："很多时候对患者心理的关爱、对疾病的预防远远大于治疗，要让患者首先要保持乐观开朗的生活态度和积极健康的心态，比如了解颈椎、腰椎疾病发生的相关因素，从而针对这些因素进行预防，养成良好的生活习惯。这些劝诫与指导的作用大于各种生硬的治疗方案、诊疗指南。"

陈伯华主任作为骨科专家，编著、翻译了很多脊柱疾病的书，如《颈肩痛》《胸椎外科学》《腰椎间盘突出症》，这三本书分别代表了颈椎、胸椎、腰椎诊疗领域的最高水平。其中《腰椎间盘突出症》一书是 20 世纪 80 年代由胡有谷教授编写，陈伯华副主编，至今已第四版，现已成为脊柱外科医生必备书之一。自 20 世纪 80 年代开始，在胡有谷教授的带领下，脊柱外科从事椎间盘退变基础与临床研究，至今已 30 多年，相应成果于 2012 年获得教育部高等院校科技进步奖二等奖，于 2014 年获得山东省科技进步奖二等奖，这在山东省骨科界都是史无前例的。相应的研究成果及临床经验被广大脊柱外科医生学习，相应的诊疗规范也已被卫生部整理收录，并制定成《腰椎间盘突出症诊疗指南》。

临床是治已病，而科研是治未病。科研的重要之处是它能培养缜密的思维。科研结合丰富的临床经验，方能造就优秀的骨科医生。

陈伯华主任是中华医学会骨科分会常务委员之一，还是国家自然科学基金二审专家。陈主任说："我的这些成就与骨科同仁的辛勤努力、拼搏进取密不可分。"

陈伯华主任感叹时光匆匆，有时看着镜中自己满头的华发，不觉回想起学医时的初衷。学医是为了看见病人康复以后的笑脸，医生的使命和天职是治病救人。虽然医路辛苦，但是很值得，凭仁心仁术，肩负生命重责。

从陈伯华的身上，我们看到了一个外科临床医生的敬业精神，临床医生的职业性已经让他把工作和生活融合在一起，工作即生活，生活即工作。陈伯华和他的同事们，不畏医路的艰辛，抱着心中执着的信念，成就着医学事业，在治愈患者病痛的道路上一往无前。

侯仰东

护心使者，汝心如是

——泰安市中心医院陈克彪

专家介绍

　　陈克彪，泰安市中心医院心脏外科主任，主任医师，教授，医学博士。1993年毕业于山东大学医学院临床医学系，后分别师从于全国著名心脏外科专家张宝仁教授、徐志云教授，获得全日制医学硕士学位、博士学位。

　　陈克彪从事心脏血管外科专业20余年，主刀各类心脏手术3000余例，擅长各类心脏病的外科治疗，包括各种先天性心脏病、心脏瓣膜病、冠心病、心脏大血管的手术及术后监护和康复治疗，尤其在心脏不停跳冠状动脉搭桥手术、心脏瓣膜病修复成形手术、不停跳心内直视手术及先天性心脏病微创介入封堵手术方面有着丰富的经验。

出版专著多部，发表 SCI 及核心期刊论文 30 余篇，获市以上科学技术奖、科技进步奖 3 项。荣获"泰安市优秀中青年专家""泰安市技术拔尖人才""泰安市第三届十佳名医"称号。

兼任中华医学会山东省分会委员、中国医师协会介入心脏瓣膜手术委员会委员、山东省医师协会心衰专业委员会委员、山东省心脏胸腔镜专业委员会委员、泰安市心脏外科专业委员会主任委员。

随着生活压力的增大和生活习惯的改变，我国心脏血管疾病的风险因素已呈明显流行趋势，心脏血管病的发病人数在持续增加，其发病率和死亡率已超过肿瘤性疾病而跃居第一，被称为"全球头号杀手"。

靠实力说话：室间隔破裂患者手术成功

2017 年，一位患者突发心脏病被送往医院，经检查，患者急性心肌梗死导致心脏室间隔穿孔。这类患者手术死亡率极高，但是如果不手术患者根本不能存活。医生与家人沟通后，迅速将患者转院至泰安市中心医院。

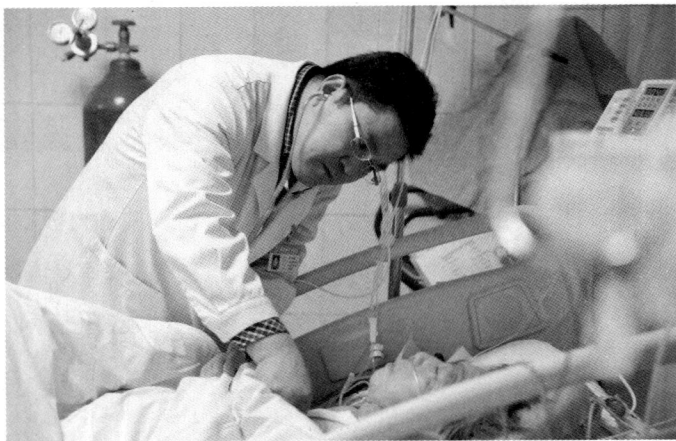

泰安市中心医院心脏血管外科主任陈克彪接诊病人后，仔细询问病情，认真检查身体。他发现，病人的情况不容乐观，室间隔穿孔越来越大。心脏左心室和右心室有个间隔，患者是因为心肌梗死，缺血导致室间隔坏死后"墙壁"被撑开一个洞。室间隔破裂后血液由左向右大量分流，加之冠脉不好心肌供血不及时，患者病情十分凶险。传统观念认为，手术修补室间隔破裂的最佳时间段需要在心肌梗死后两到三个月，最短也要三到四周。因为在这期间手术，坏死区域会有纤维组织形成，纤维组织可以牢固地固定缝线，使得手术修补相对容易实施。

但患者病情不容乐观，怕是等不到传统认知中的最佳手术时机。因情况特殊，医院邀请了山东省立医院专家亲自为病人进行彩超检查。省立医院专家看到彩超检查结果后认为不能贸然手术。但病人病情恶化，家属治疗愿望强烈，愿意放手一搏，将病人生命托付给陈克彪。

陈克彪与心脏内科联合，为患者进行了术前处理，为患者做了造影，在造影中发现有部分可以放支架，便在造影过程中放了支架，改善部分心肌缺血；同时使用主动脉内球囊反搏，提高主动脉内舒张压，增加冠状动脉供血和改善心肌功能；随后将患者送至重症监护室，继续使用球囊反搏辅助心跳，帮助患者渡过难关。

在先前稳定病情的基础上，陈克彪瞄准时机大胆安排了手术。"上手术台后马上建立体外循环，记得打开病人胸腔的一瞬间，我们看到心脏右心室因压力大胀得厉害，十分坚硬，随后我们进行了室间隔修补手术。"陈克彪回忆。手术特别顺利，随后不久病人就出院了。在之后的回院复查中，病人恢复良好，病人家属十分感激："在省级医院都认为达不到手术条件的情况下，陈克彪主任和他的团队能够制订详细的治疗方案，及时安排手术把我父亲抢救过来，他们的技术真是了不起！"

用真心付出：一流水准让病人"双心"康复

这次手术只是陈克彪勇于突破、打破常规的一个缩影。在他的带领下，泰安市中心医院心脏血管外科凭借精湛的医术和极高的成功率，居国内领先地位。

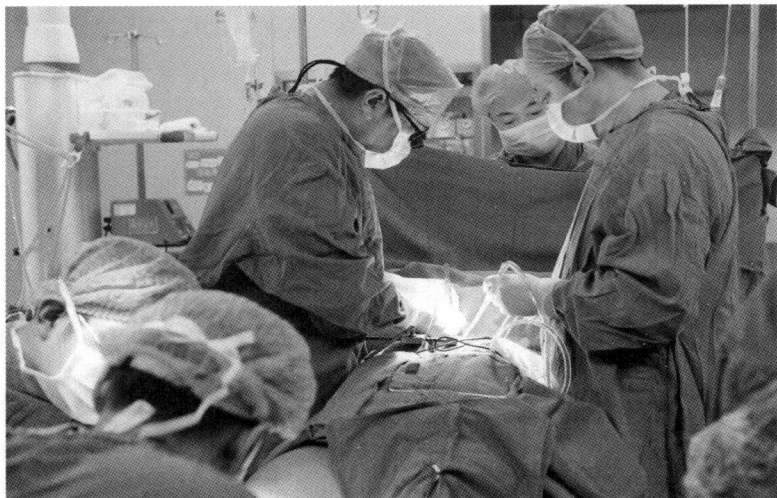

泰安市中心医院心脏血管外科是在泰安市最早开展心脏血管外科手术的临床科室，在泰安市及周边开展心脏手术、血管手术最多，在省内享有盛誉。在上海召开的 2015 年国际腔内血管学大会暨中国医师协会腔内血管学专业委员会学术会议上，中国医师协会腔内血管学专业委员会新增设 21 个专家委员会（三级协会），其中，泰安市中心医院心脏血管外科有 4 名专家当选全国委员。这是全国性学术团体对该院心血管外科工作的认可和充分肯定，证明泰安市中心医院的心脏血管外科水平居于全国前列。

近年来，随着一些新的技术和器械的应用，泰安市中心医院不停跳冠脉搭桥手术，体外循环下浅低温、不停跳心内直视手术，以及部分先心病微创、介入封堵术和周围血管病变腔内血管微创治疗等技术纷纷取得了明显的治疗效果。

除了国内一流的治疗水准外，陈克彪介绍，泰安市中心医院心脏血管外科还坚持两点。一是奉献自我的敬业精神。科室专家每天坚持7点到，19点离开；科室护士24小时值守，每天查房保证不低于两次。二是与患者真诚沟通，用心交流。通过与患者真诚沟通，让患者产生信任感、依赖感，进而进行最佳的治疗。有效沟通才能进一步改善心脏血管疾病患者的生活质量及预后，实现心血管和心理的"双心"康复，彻底治愈心脏血管疾病。

陈克彪说："每天的一点努力都是为了在抢救患者时更好地抓住机遇，能够给患者提供更加有效和及时的治疗。我是做心脏手术的，我必须用自己的真心去对待患者，去呵护患者的心脏。"陈克彪始终是这样认为的，更是坚持这样做的。

盛迎

不甘雌伏，敢为人先

——东营市人民医院张风雷

专家介绍

张风雷，心内科主任，主任医师，教授，医学博士，滨州医学院硕士研究生导师，东营市有突出贡献中青年专家。擅长各种疑难心血管疾病（如高血压病、冠心病、心肌炎和心肌病、心力衰竭、心律失常、高脂血症）的诊断及治疗，尤其在心脏超声、心血管介入诊疗、疑难心电学及心血管影像诊断等方面有着丰富经验。

发表论文30余篇，其中SCI论文9篇；发明实用新型专利1项；完成科研课题10余项，分别获得山东省科技进步三等奖、山东省科技创新奖二等奖及东营市科技进步一、二等奖。

兼任山东省医师协会心脏康复医师分会首届委员会副主任委员、

山东省研究型医院协会心血管慢病管理分会副主任委员等，2021年又被聘为"国家标准化心血管专病中心"山东省高血压中心培训专家组副组长。

功成不必在我，功成必定有我

从事临床一线医疗工作27年来，张风雷不忘初心、牢记使命，始终恪守医生的职责，全心全意为患者服务，指导疑难危重病人的抢救工作，抢救成功率达80%以上，挽救了无数危重病人的生命，多次获得全院重大抢救奖。作为一名心内科医生，张风雷在临床工作中从未发生医疗差错事故及医疗纠纷，他用精湛的医术、高尚的医德，带领科室团队为患者排忧解难。

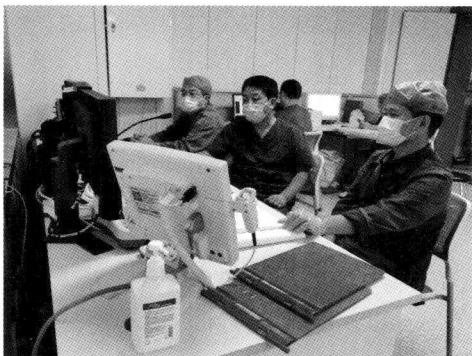

大海航行靠舵手，一艘船能够行稳致远，需要舵手在关键时刻做出正确的决策，还要在前进过程中做到未雨绸缪。如今他作为一名优秀的科室带头人，更是日复一日地辛勤耕耘，打磨自己，团结众人。一路走来，张风雷向我们展示出他是一个有理想、有追求的优秀医者。作为心内科主任，张风雷不仅严格要求自己，而且在科室管理、业务发展等各方面都取得很大的成绩，科室连年被评为先进科室并荣获安全管理奖等荣誉。心内科在张风雷的带领下先后成为东营市医药卫生重点学科（特色专科）及东营市临床重点专科。

优秀医生、拼搏勇士、良师益友

张凤雷深知医学是浩瀚星空，唯有坚持探索、谋求创新，才能更好地为人民服务，他对临床诊疗技术和科研教学精益求精。

心内科介入手术科室，每年完成心血管介入诊疗手术3000余例，且至今没有出现一例严重的冠脉造影及介入治疗相关并发症。团队成员密切合作，积极开展多项新技术，如"房颤射频消融术""ICD（植入式心律转复除颤器）/CRT–D（植入式心脏再同步治疗心律转复除颤器）埋植术""希氏束起搏""冠脉旋磨术""CTO等复杂冠脉介入术""先心病介入封堵术""药物球囊应用""冷冻球囊房颤消融术""左心耳封堵术""肥厚性梗阻性心肌病化学消融""5 in 6导管技术""主动脉气囊反搏术（IABP）""FFR（血流储备分数）临床应用""血管内超声在冠心病介入中应用""ATP（主动脉斑块转移）技术在分叉病变中的应用""Stingray辅助的ADR（正向内膜下重回真腔）技术"等，学科介入技术水平成熟稳定，在黄河三角洲地区领先，深受本地区人民群众的认可和赞赏。

张凤雷作为东营市医学会高血压病专业委员会主任委员，每年主办东营市医学会高血压病学术交流会及东营市黄河口心血管病论坛会议，主持参与省市级医学教育项目数项，在本地区及省级学术会议做专题报告数十次，参加省级及全国心血管病学术会议数十次。

科研教学不放松，他先后主持及指导山东省医药卫生科技攻关项目课题9项及山东省中医药科技项目1项，完成科研课题10项，分别获

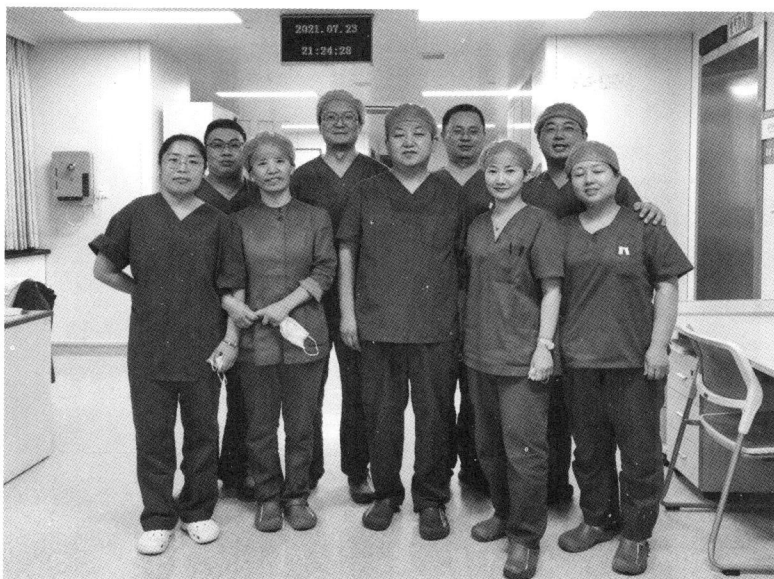

得山东省科技进步三等奖、山东省科技创新奖二等奖及东营市科技进步一、二等奖，受到专家及同行的好评，且其社会推广应用价值较大。2012年11月因研究工作成绩显著，张凤雷被评为科研工作先进个人一等奖；2014年1月荣获医院优秀科研立项奖；2015年1月，荣获优秀科研论文奖。他作为滨州医学院内科学专业硕士研究生导师，目前已经培养硕士研究生3名，指导硕士研究生4人。2015年1月，他因教学工作成绩显著，被评选为滨州医学院优秀教师。另外，他还圆满完成了滨州医学院本科生的理论教学及见习带教任务。在住院医师培训、专科医师培训及心内科年轻医师培训方面，张凤雷通过专题讲座、技术培训、教学查房、病例讨论等方式，传授本专业"三基"知识及相关医学最新进展，收到良好的效果。

心中有大爱，行为有担当

张凤雷是一个心中有大爱、行为有担当的医者。2008年5月12

援疆指导

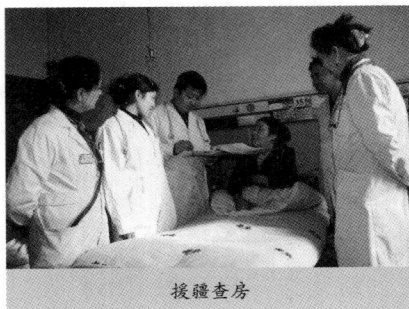
援疆查房

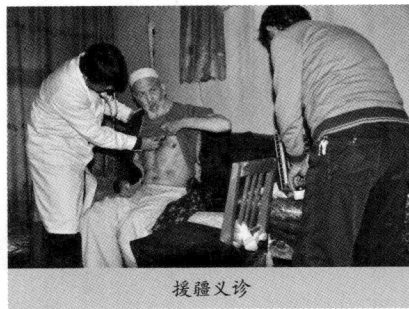
援疆义诊

日中国四川发生特大地震，他积极报名参加山东省援川医疗队，奔赴最重灾区——北川，援建受到重创的北川羌族自治县人民医院。圆满完成此次任务后，张风雷于 2009 年被授予东营市援川医疗卫生工作先进个人及山东省对口支援北川灾后恢复重建医疗卫生工作先进个人。2010 年 11 月—2012 年 7 月，张风雷再次响应国家号召，在新疆疏勒县人民医院参加援疆医疗工作，并圆满完成了援疆医疗任务，得到了当地干部群众的尊重及好评，他先后被评为"优秀学科带头人""优秀共产党员""优秀援疆干部"及"优秀援疆医生"等。

2020 年 1 月，国家卫健委发布新冠病毒肺炎疫情公告，武汉需要紧急救援。东营市人民医院召集志愿者参加援鄂医疗队，消息发出后，张风雷率先报名，递交请战书，虽未成行，但日常工作中按照新冠病毒肺炎的防控要求，积极做好病区和门诊的疫情预防等工作，为东营市疫情防控工作做出应有的贡献。

张风雷作为东营市人民医院内科党总支第四党支部书记，注重基层党建工作，将党建与临床工作深入融合，还促进了临床科室的发展，党支部也多次被评为优秀基层党支部。

有责任、敢担当、讲奉献、有作为，他既是一名优秀的医生，也是一名优秀的共产党员，在严于律己的同时，也深深地影响着周围的人。

脚踏实地积跬步，深谋远虑至千里

成绩和口碑是一点一滴做出来的，用真心换真心是张风雷的待人之道。真诚为他人着想，倾听他人的心声，力所能及地做出自己的贡献。随着我国人口老龄化的到来，老年心血管疾病患病人群愈来愈多，常年的临床经验让张风雷意识到有能力、有责任的医生要走出去，不论是自行前往还是将知识传播，对有需求的人群来说都是一大便利。近些年张风雷身体力行，致力于东营市心血管疾病基层培训，成立了东营市心血管健康联盟，先后为东营市各县区医院培养冠脉介入人才10余人。2018年，他指导东营区人民医院开展了首例急性心肌梗死急诊介入诊疗，患者为50岁中年男性，诊断为下壁急性心肌梗死，介入治疗前患者突然出现室颤，意识丧失，立即给予心肺复苏、电除颤等，并快速开通闭塞的右冠状动脉，术后患者生命体征稳定。他2020年开始帮扶河口区人民医院开展冠脉介入诊疗及起搏器植入，2021年又指导帮扶垦利区人民医院开展心血管介入诊疗技术，2022年帮扶利津县中心医院冠脉介入诊疗工作。这些工作均取得很好的临床效果和社会评价，尤其是急性心肌梗死的急诊介入，由过去的转运患者到目前的转运手术医师，大大缩短了患者冠脉开通的时间，挽救了大量急性心肌梗死患者的生命。近年来这几家县区医院的急性心肌梗死患者病死率降至最低，介入术后死亡率为零，进

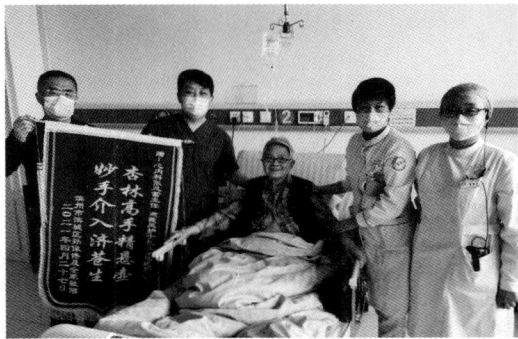

不甘雌伏，敢为人先

一步提高了县区医院心血管诊疗水平，百姓也享受到更优质更及时的医疗服务，东营市人民医院及心内科的声誉进一步提高，专科医联体合作达到了双赢的效果。

初心不忘，砥砺前行

褒奖是对能力的认可，对接续奋斗的鼓励。张风雷多次受到组织的表彰，2012年因各项工作成绩突出，获得"东营市有突出贡献的中青年专家"称号；2014年被评为"东营市优秀医师"；2016年被评为

"东营市人民医院十佳职工"；2019年获得"齐鲁最美的科技工作者"称号；2021年被评为"山东省优秀医师"，同年再次评为"东营市人民医院十佳职工"。

张风雷认为自己是一个敢于自我批评的人，作为一名医生、一名党员，要树立正确的人生观和价值观，遵纪守法，爱岗敬业，将全心全意为人民服务、为健康中国做贡献视为自己的崇高理想。正是这份信念、这份执着、这份坚守，成就了如今的张风雷。因为有爱，所以执着，因为执着，所以成功，追寻理想，坚守信念，知行合一，行稳致远。

侯仰东

只有真心热爱，才能做好工作

——威海市立医院于荣波

于荣波，主任医师，教授，威海市立医院保健科主任。1986年毕业于山东医科大学，从事临床工作三十余年，一直从事临床第一线工作，作为学科带头人和科室管理者，她多次被评为"优秀科主任""先进工作者"，并多次获得市卫健委、省保健协会及山东省卫健委授予的荣誉称号。

于荣波在神经内科尤其是脑血管病诊治方面有很深的造诣。近年来致力于脑血管病的急诊救治及介入治疗、卒中单元系统化治疗、康复技术的研究及临床应用，均取得良好的社会效应。

兼任中华医学会山东省脑血管分会委员、中华医学会山东省老年病分会委员、威海脑血管病分会主任委员、威海神经内科分会副主任委员等。

　　"通过自己的努力，帮助病患解决问题，让患者受益，这对医生来说是一种精神享受。"于荣波说。能在医生的岗位上持续工作三十余年，她觉得很欣慰。

　　从神经内科到急诊科，再到专业性极强的脑血管科，以及需要综合全方位疾病管理的保健科，于荣波总是以身作则，兢兢业业，谨守医德，带领团队成员齐心协力，圆满完成各项工作任务，她连续多年被评为先进科主任、优质服务标兵，所带领的科室也连年被评为先进科室。她获得过由山东省卫生厅、十一运组委会医疗卫生部颁发的"十一运医疗卫生保障先进个人"荣誉称号，多次被山东省保健协会授予"省保健协会先进个人"称号。

　　知性睿智，温文尔雅，端庄大方……这是威海市立医院保健科主任于荣波教授给人留下的深刻印象。

一、为理想而奋斗

　　苏格拉底说：世界上最快乐的事，莫过于为理想而奋斗。

　　每个人年少时都会有对未来的畅想。

　　对于荣波来说，她的理想树立可能要追溯到很小的时候，"记得那时上小学，老师出了一篇作文，题目是你长大了想干什么？让大家谈谈理想。当时同学们有的说要当飞行员，有的要当科学家，有的要当解放军，我的理想是长大了要做一名医生……"

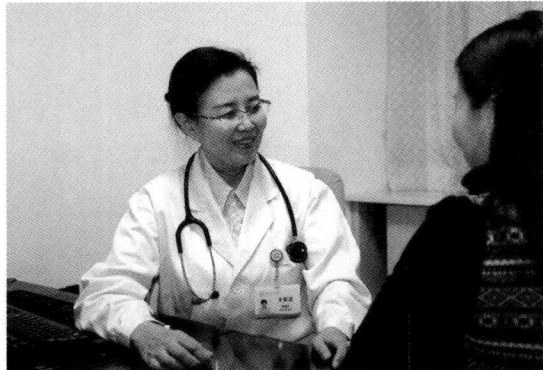

　　医生能够救死扶伤，是一种崇高、伟大的职业。长大"做一名医生"

的信念宛若种子，深深埋藏在少女于荣波心内，也成为她在无涯学海中不断努力进步的动力。高考结束后，她如愿考上了山东医科大学医学系。在读大学的时候，她又有幸遇到了李大年教授。

李大年教授是山东省神经内科的创始人之一，也是山东医科大学第一位讲授神经病学的教师，他创建了山东省首家神经病理研究室，为山东省神经内科学的发展做出了巨大的贡献。

神经内科疾病发病率高，病人量大，是群众非常需要的一门学科。临床比较常见的脑血管疾病、头痛、神经痛、癫痫、脑膜炎、痴呆、面神经炎等疾病都属于神经内科范畴。

受李大年教授的影响，于荣波在上大学期间就萌生出毕业以后要做一名神经内科医生的想法。

1986年，于荣波大学毕业后进入威海市立医院内科工作。当时医院只有神经内科专业组，尚无独立科室，随着于荣波等专业人才的加入，医院神经内科不断发展壮大，逐渐在市立医院内科系统中占有举足轻重的地位。

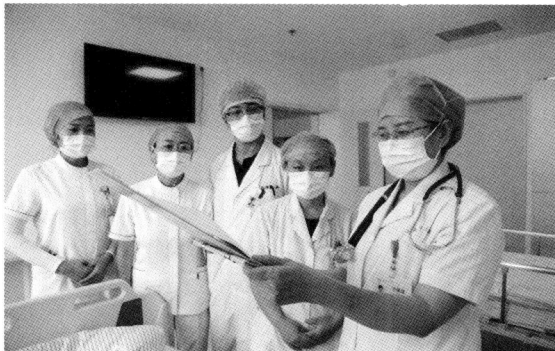

1993年，市立医院神经内科成立，作为一名有多年神经内科临床工作经验的主治医师，于荣波积极参与了医院神经内科的创建工作，并伴随着神经内科的壮大而不断成长。

为提高医疗技术水平，于荣波努力克服个人家庭及生活上的种种困难，积极走出去，学习上级医院的先进技术，她多次参加国内神经内科及脑血管专业学术会议及培训班，并先后于青岛医学院附属医院神经内科，上海华山医院神经内科、放射介入科进修深造。

不经风雨，树不大成；不受百炼，铁难成钢。

于荣波在医学道路上脚踏实地稳步前进，1993年晋升为主治医师，2001年晋升为副主任医师，2011年3月晋升为主任医师，并先后担任急诊科、脑血管科、神经内二科、保健科等科室负责人，同时兼任中华医学会山东省脑血管分会委员、中华医学会山东省老年病分会委员、威海脑血管病分会主任委员、威海神经内科分会副主任委员等职。

三十余年的临床医生生涯，不但让于荣波实现了年少时的梦想，成为一名能够救死扶伤的神经内科医生，更让她在神经内科尤其是脑血管病的研究诊治方面拥有了很深的造诣，其科研成果曾荣获省、市科技成果二等奖三项，在国家级、省级期刊发表论文二十余篇。

二、因责任勇担当

有人说，一个人的责任心，决定着他的工作态度，决定着其事业的成功与否。

精益求精，不断进取，是于荣波对自己工作的追求；不忘初心，

勇于担当，则是于荣波对自身责任的认识。

她在上海进修期间，恰逢"非典"爆发，当时国内尚没有成熟的防疫经验，好多进修医师选择了撤离，于荣波却坚持留了下来。她觉得作为一名医生要对得起"医生"称号，关键时刻要承担起医生的责任。整个"非典"防疫期间，于荣波始终坚持工作在防治"非典"第一线。当时她的孩子刚刚上小学，家里很需要她照顾，"非典"疫情发生后，家里屡次打电话让她回去。来自工作、家庭等方面的压力让她几乎喘不过气来，但她咬着牙，硬是扛了过来。等圆满完成上海进修任务回到威海，看到扑进怀里哭泣的孩子，她想，以后轻易不出去了。可是一年以后，为了提高科室技术水平，作为骨干，她又再次踏上征途，到上海华山医院放射介入科学习深造脑血管病的介入治疗技术。因为做脑血管介入时，医生要接受大量的放射线，对身体有一定的损伤。于荣波却将自身健康置之度外，不断跟随老师上台手术，不但圆满完成了进修任务，还被评为优秀学员。

2004 年，进修结束回到威海市立医院后，于荣波就被调到急诊科担任副主任，负责脑血管病的急诊急救工作及脑血管病的介入治疗工作，很快她便在脑血管病急诊急救治疗领域崭露头角。2006 年，于荣波开始担任急诊科主任，负责急诊科全面工作。

众所周知，急诊患者病情急，急诊科大夫工作强度大。于荣波作为急诊科主任，手机 24 小时保持畅通，经常半夜被电话叫到急诊抢救患者。

曾有一个患脑静脉窦血栓的年轻军人，在休息日被送到医院，当时患者病情非常严重，正在休假的于荣波收到信息后，立马回到医院，组织科室人员对其进行抢救。紧急做了溶栓手术后，患者一直处于高危状态，在 ICU 待了三天三夜。为了患者安全，于荣波也在医院待了三天三夜，直到患者转危为安后，才放心回家。

"在急诊科那会儿，抢救病人加班加点都成家常便饭了。每次我们都是全力以赴……"只要工作需要，病人需要，于荣波和她的团队总是第一时间冲在最前面。

就在工作最繁忙的时候，于荣波查体被发现身体出现异常，当时考虑情况不好，医生建议手术。家里人都非常紧张，如临大敌，要求于荣波休息。然而直到手术前一天，于荣波依然心态平静，坚持继续上班，查房、坐门诊、为患者做脑血管介入手术……幸亏手术病理切片检查为良性，虚惊一场。

事后她说："其实这也不算什么，咱医务人员都是这样，遇到事最先想到的是自己负责的病人。"

三、干一行爱一行

恩格斯说："谁肯认真地工作，谁就能做出许多成绩，就能超群出众。"

在于荣波的努力下，市立医院急诊专业在短短数年内得到快速发展，各项急诊急救技术逐渐走在全省的前列。

在 2008 年医院管理年大检查中，于荣波所带领的急诊科团队在科室管理、规章规范、医疗护理等方面均受到专家组的高度评价。

当于荣波以委员的身份参加山东省中华医学会脑血管病分会成立大会时，又深切体会到在威海地区建立脑血管专科的必要性及使命感，因为脑卒中以发病率高、致残率高、死亡率高的三大特点已经成为威胁人类健康的第二大疾病。会议结束回到医院后，于荣波便开始申请着手创建脑血管科。当时院长问她："你舍得丢掉一个大急诊科的主任而去搞脑血管专科吗？"

当时急诊科的各项工作流程均非常完备，科室工作井井有条，于荣波心里的确舍不得离开急诊科主任这个已经熟悉且游刃有余的工作岗位。但是，作为一名脑血管疾病救治专家，于荣波看到了自己所肩负的历史使命。

脑血管科成立之初并没有固定的病区。它最先设立在急诊，后来搬到门诊楼 4 楼，就是在如此的工作条件下，在于荣波的带领下，脑血管科实现了从无到有的突破：率先在威海开展脑血管专科病区；率先在威海开展脑血管病友会，创建了"疏通脑血管、畅行生命流"的专科品牌，且该品牌受到山东省卫生厅的高度评价。

于荣波还在院内带头开展了脑梗死急诊介入治疗、颈动脉支架置入术、脑内动脉瘤弹簧圈填塞、动静脉畸形栓塞术、静脉窦血栓介入溶栓术等先进介入治疗技术，救治了大量危重脑血管病病人。她在院内创建创新了各种急诊脑血管病的诊疗流程，并且充分发挥她在脑血管病诊疗方面的特长，率先引入卒中单元理念，建立了一条急危重卒中病人的绿色通道，这一系列措施使威海市立医院在全省医院质量管理年评比中得到了省内专家组的一致好评。

2012 年，由于工作需要，于荣波又被调到医院保健科担任主任。工作的科室变了，但是工作的性质没有变。根据保健科的工作特点，于荣波迅速适应角色转变，制定了一系列重点保健对象服务流程，以及个体化、精细化的服务方案。

"我们科重点保健对象每年两次查体，基本上是春季一个月，秋季一个月。每逢这两个月，于主任都是住在医院里，夜里加班制定查体方案，早晨很早要起来进行陪检，在检查的过程中发现问题，她要当场处理，检查完了以后，还要组织多学科会诊，评估后出查体报告，制定后期个性化治疗方案。"科里的医生介绍。

2012 年秋天，于荣波刚到保健科工作不久，因意外发生右侧脚骨骨折，当时恰好是查体忙季，于荣波为了不耽误工作打着石膏拄着拐，每天早晨五六点钟就起来陪着老干部查体，科里管的病号也一点没有落下。"兢兢业业，恪尽职守"是同事们给予于荣波的评价。她的工作也得到了上级部门及群众的广泛认可。

最让于荣波感到自豪的是，当她走在威海大街上，会有人主动跟她打招呼，有很多人因为她工作的关系而与她成为朋友。

"干一行，就要爱一行。当了这么多年医生，我觉得想做一名合格的医生就要对病人尽心尽力，以医者仁心，关心体贴和同情病人，并且要真心热爱医生这个职业。"于荣波说。

周娜

从专科向全科，从西医向中医

——沂南县人民医院蔡建春

专家介绍

蔡建春，主任医师，沂南县人民医院原副院长，曾在北京大学举办的国学与国医班、北京中医药大学经方班学习，师从首都名中医贾海忠教授，擅长西医骨科、中医全科，尤擅骨科疑难疾病的诊治。他是传统文化与中医保健养生专家、临沂市有突出贡献的中青年专家、首批临沂市卫生领军人才、临沂市十大名医。

曾获省科技进步奖1项，市科技进步奖6项，在专业期刊发表论文30余篇。

兼任慈方中医传承发展国际论坛委员、中华中医药学会科普分会委员、山东省老年学会中医膏方分会副主委、山东省老年学会中医药分会副主委等。

　　步入诊室时，日光正以恰当的角度倾泻在屋内。在暖色的日光中，《伤寒论》《本草纲目》《皇汉医学》等经典中医图书，《温胆汤》《五苓散》《防风通圣散》等方剂册本，《中西医结合治疗膝关节骨关节炎》《中西医结合治疗软组织损伤的临床研究》《膝关节疾病针刀治疗与康复》等中西医结合的专科书本，与些许中药、关节模型一同，错落地陈列在书架上，旁边斜竖着一副人体骨架模型，在墙上挂着的众多锦旗中，"医德高尚暖人心，医术精湛传四方"的绣字最显眼。

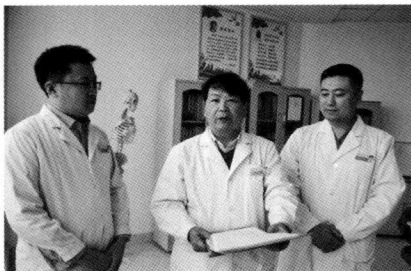

　　坐在诊位上的蔡建春院长，着一件深色的中式服装，举手投足间带着国学学者的温和气息。他言语中，显露出几分手持手术刀般的锋利，轻易就将艰深的医学知识剖开，变得浅显易懂。

▌▌医·求索

　　"我最初的志愿不是做医生。"谈及过往的经历时，蔡院长带着几分慨然，我们仿佛可以从他的字句中看见一个倔强清贫的少年形象。在那个我国经济开始起步的年代，站在人生十字路口的他本想投身火热的金融行业。

　　"但是老师告诉我们，学医的学生每天都能吃到馒头。"

　　"能吃到馒头"这样一个朴素的愿望，却使他迈入了医学的道路——少年蔡建春考入了昌潍医学院医疗系。

　　经过刻苦的学习，1986年7月，他被分配到了沂南县人民医院，在这开始了他作为一名普外科医生的生涯。

　　虽然医学并不是蔡建春最初的向往，但他仍然全身心地投入这份工作。"最初十年，我真的是吃在医院，睡在医院，住在医院。"蔡院长如今以十二字就总结了自己在沂南县人民医院最初的经历，这十年背后是无数台手术的磨炼，是三千六百多个日夜的坚守。十年砥砺成就了一个基础扎实的普外科医生。

20世纪90年代，医院骨科治疗水平不高。"记得在我成为住院医师的第二年，曾和一个上级医师共同实施了一台胫腓骨中下段开放性粉碎性骨折的内固定手术。我们用八孔葫芦钢板固定的方法，完成了骨折解剖复位和固定。当时还受到了器械护士褒奖。手术顺利，患者刀口愈合的情况也好。但三个月后，来院复查的患者体内钢板已弯，螺钉退出，骨折端错位，之后转去其他医院继续治疗。"这个病例给蔡建春带来巨大冲击，哪怕是时隔多年，他语气中仍有苦涩的回响。

"骨科是块硬骨头，我就偏要啃下这块骨头。"1995年12月，蔡建春前往当时中西医结合正骨最为红火的文登整骨医院学习。在这里，他看清了县级医院应走的正骨之路——中西医结合，之后他更北上北京积水潭、南下广州南方医院等地学习深造。

归来后，蔡建春将知识技术落实到了骨科治疗中，确定以当时尚未被骨科界认可的"微创闭式骨科手术"作为医院骨科发展的方向，并在多年的实

践中摸索出了"扬其长、避其短，取其长、补其短，以其长、带其短"的骨科诊疗思路。

▋ 医·实践

首批临沂市十大名医，临沂市卫生领军人才，有突出贡献的中青年专家，山东省骨科学会年终总结表彰会获优秀个人奖第一名……这

些等身的荣誉是蔡院长三十余年躬耕的明证。

"县食品公司肉联厂有一位职工的女儿曾不慎从四楼坠下，致腰椎和四肢五处部位严重粉碎性骨折，双下肢截瘫，丝毫不能活动。"

接到汇报后的蔡院长立即赶赴病房并组织相关科室会诊，若按照常规，手术应分期进行，可这样病程时间长，病人恢复慢，治疗效果差。从病人的实际情况出发，他打破常规，果断采用一期手术的固定方法，亲自为患者主刀。手术历时十小时，五处粉碎骨折均妥善固定，术后患者的下肢恢复了活动能力。

他拯救的不仅是一个患者的身体、一个女孩的未来，更是一个家庭的安稳。

蔡院长曾说过，做医生应秉持"古为今用、洋为中用、与时俱进、活学活用"的指导思想，也要牢记"接触一个病人结交一个朋友，做一个手术出一个精品"的宗旨。比言语更精妙的是他的医术，比口号更深刻的是他的践行。

患者家属为表达感激之情，给他送去礼品，但全被他婉言谢绝。他说："应该感谢你们对我们的信任。"

手术台前，他担得起医生的职责；术后，他对得起患者的信任。为医如此，他就当得起业界的称誉！

医·关怀

"郁→淤→瘀"。

这是蔡建春院长在讲解病症发展时写下的三个字，意为"气郁，血淤，病瘀"。

"是故圣人不治已病治未病，不治已乱治未乱，此之谓也。夫病已成而后药之，乱已成而后治之，譬犹渴而穿井，斗而铸锥，不亦晚乎！"这出自《黄帝内经》中《素问·四气调神大论》的寥寥五十余字，道明了中医最基本的治病原则。蔡院长进一步向我们解说道："病症起于心中积累郁气，逐渐发展到血管中有血液淤积，最终形成'瘀'疾。若在前两个阶段不注意治疗，任其发展到第三阶段，发生在心脏就导致心梗，发生在大脑就形成脑中风，发生在身体其他地方就形成肿瘤。"

谈到疾病晚期的病人，蔡建春认为，与其告诉病人一个残酷的末路真相，不如赠他一场镜花水月般的终幕。

"中医就是糊里糊涂的活儿。"蔡院长如此玩笑。

蔡院长对患者的人文关怀贯穿于他三十余年的行医历程。

一个十九岁的小伙子房增龙，因车祸致脑挫伤，并且全身二十三处骨折，由外院转入沂南县人民医院骨科，生命垂危。蔡建春院长及时提出了"抢救生命第一，挽救肢体功能也第一"的方案，他带领骨科同道精心策划、科学施治，病人五十天出院，现已恢复正常并参加工作。

孟子曾叹曰"鱼与熊掌不可兼得"，我们似乎也在太多故事里看过类似的选择。但当患者是一个真实的十九岁的年轻人时，肢体与生命就不再是单纯的"鱼与熊掌"。

齐鲁医院的骨科专家们看了这名患者手术前后的 X 光片后说："面对一个这么复杂的骨折案例，治疗时机把握得如此之好、处理得如此巧妙，在短时间内使病人恢复得如此令人满意，真是人间奇迹。"

医·养老

蔡院长向我们展示了 101 岁老人张淑贞股骨头置换手术后可正常行走时拍摄的纪念照片。老人极瘦小的身体站立着，白发拢在脑后束起，皱纹记载了她历经的岁月。镜头下那双微微眯起的眸子和勾着的嘴角，说明了老人无疑是舒缓地笑着的。

她仍可以在老友家中闲话家常，仍可以房前屋后忙里忙外，仍可以自由地踏过春日的绿茵，走过夏季的荷塘，行过秋日的落叶，穿过冬季的寒霜。

"如今在养老课题上存在着巨大的误区——我们将衰老和死亡当成大病来治疗。"相较于服用药物，蔡建春院长更强调提升老人的生活质量。蔡院长认为，"互联网+"不仅能为大众提供养生科普，也能向患者传递更先进的养老理念。

他同时也强调道："情感交流是健康养老中极易被忽略的要点。"

持续近四个小时的交谈，蔡院长不时将中医的理论发散到生活方方面面，引经据典，每一点感悟都透露着他对生活的思索，渗透了对中医的热爱。发散的思路最终回归于医，落点于养。

"从专科向全科，从医学向艺术，从西医向中医，从治已病向防未病，从少年到白头。"这是蔡院长对自己多年行医的总结。落日照亮了他爽朗的笑声，这一刻，他仿佛仍是迈向医学之路时那纯真质朴的少年人，仿佛是前往异地求学时那一腔血热的年轻人，仿佛是立于手术台前那专业果断的骨科人，又仿佛是熟于医哲易理那通透强大的中医人。他走过的路都铭刻在了这样的笑声中。

他就是山东骨科专家，蔡建春。

代安娜